COMPREHENSIVE ACCOUNTING BUSINESS

会计综合业务
手工账务处理

主编 ◎ 曾志好　　副主编 ◎ 唐玉如　彭立明　林德鹏

暨南大学出版社
JINAN UNIVERSITY PRESS

中国·广州

图书在版编目（CIP）数据

会计综合业务：手工账务处理/曾志好主编；唐玉如，彭立明，林德鹏副主编.—广州：暨南大学出版社，2015.3

ISBN 978 - 7 - 5668 - 1358 - 9

Ⅰ.①会…　Ⅱ.①曾…②唐…③彭…④林…　Ⅲ.①会计学—中等专业学校—教材
Ⅳ.①F230

中国版本图书馆 CIP 数据核字（2015）第 046759 号

出版发行：暨南大学出版社

地　　址：中国广州暨南大学
电　　话：总编室（8620）85221601
　　　　　营销部（8620）85225284　85228291　85228292（邮购）
传　　真：（8620）85221583（办公室）　85223774（营销部）
邮　　编：510630
网　　址：http：//www.jnupress.com　http：//press.jnu.edu.cn

排　　版：广州联图广告有限公司
印　　刷：广东广州日报传媒股份有限公司印务分公司

开　　本：787mm×1092mm　1/16
印　　张：13.75
字　　数：246 千
版　　次：2015 年 3 月第 1 版
印　　次：2015 年 3 月第 1 次

定　　价：38.00 元

（暨大版图书如有印装质量问题，请与出版社总编室联系调换）

前　言

　　"会计综合业务"是中等职业学校财经类专业会计实践教学环节的一个重要组成部分，在培养学生的实践操作能力和会计核算能力等方面具有重要作用。

　　本书根据财政部最新《企业会计准则》和相关会计制度及税收制度，结合《关于实施国家中等职业教育改革发展示范学校建设计划的意见》中关于以教材对接技能为切入点的要求，以企业实际发生的经济业务为依据，以实际操作中会计核算典型工作任务为主线，科学合理地设计经济业务，从而满足财经类专业会计教学需要。本书结构新颖、内容丰富，包括编制和审核原始凭证、填制记账凭证、登记账簿、编制科目汇总表、编制会计报表等，还加入了部分外贸业务的内容，拓宽学生的知识面。本书根据教育部关于中等职业学校人才培养目标和教材建设的总体要求，以"教、学、做"合一为指导思想，并结合本校特点编写。学生通过模拟环境和实际岗位实训，能够巩固所学理论知识，增强感性认识，提高学习效率。在编写过程中，编者充分考虑了中职学生的特点和能力水平，针对性强；同时，强调"以学生为主体，注重提高学生的学习积极性，以能力培养为中心，重在提高学生的动手能力，面向一线，立足岗位，由浅入深，强化应用"的中职学校办学理念；注重吸收新会计准则、新税收制度，内容力求简洁、实用，突出财务会计实务的特点，便于学生理解和掌握财务会计应用技能，务求理论与实际相结合。

　　本书由广东省对外贸易职业技术学校曾志好、彭立明负责拟定编写大纲，设计全书经济业务架构，并组织安排写作和协调工作。全书由广东省对外贸易职业技术学校曾志好、彭立明、林德鹏老师以及广州晖煌企业顾问中心总经理唐玉如女士共同编写而成，最后再由曾志好老师总撰，由广州晖盈财务咨询有限公司总经理谢燕玲女士审核，在此一并表示感谢！

　　由于编者学识有限，书中必然存在缺点、疏漏及不足之处，衷心希望会计专家和使用本书的师生批评指正，以便今后进一步完善。

编　者

2015 年 1 月

目　录

第一部分　模拟公司简介及实习要求

一、实习目标

在实习过程中，通过仿真业务的练习，重点培养学生对会计原始资料的分析、原始凭证和记账凭证的处理、账簿的设置和登记，以及报表的编制和分析等方面的能力。只有掌握企业会计处理的程序和方法，才能够处理工商企业的一整套会计事务。

二、模拟公司基本概况

企业名称：蓝天贸易有限公司（是一家模拟公司，成立于 2001 年 10 月）

企业性质：商品流通企业（有进出口经营权）

注册地址：广州市东风路 8888 号　　联系电话：020—22338888

注册资本：1000 万元人民币

法定代表人：莫立欣

会计主管：郝有前

主办会计：张进财

出纳：梅小利

纳税人登记号：440106845689778

开户行：广州市工商银行东区办事处

账号：0200338856789

纳税人类型：一般纳税人

增值税税率：17%

所得税税率：25%

记账本位币：人民币

企业制度：执行《企业会计制度》

三、模拟公司会计核算政策及有关规定

（1）公司采用科目汇总表核算程序，每十天汇总登记一次总账；

（2）固定资产采用平均年限法计提折旧；

（3）无形资产价值采用直线法按月摊销；

（4）公司实现的利润，年末一次进行分配；

（5）期初资料及其他未尽事宜将在有关业务提示和资料中加以说明。

四、实习操作要求

学生进行混岗模拟实习，由学校提供实习教材和记账凭证、账簿、报表等核算用具，并指派有关专业教师指导学生开展模拟实习，具体要求如下：

（1）根据期初资料，开设总分类账，并将余额记入账户的余额栏，在摘要栏写"承前页"或者"期初余额"；

（2）根据期初资料，开设明细分类账，并将余额记入账户的余额栏，在摘要栏写"承前页"或者"期初余额"；

（3）根据本书第三部分的模拟公司经济业务的原始凭证逐笔编制记账凭证；

（4）根据记账凭证或有关原始凭证登记日记账和明细账；

（5）根据记账凭证每十天编制一次科目汇总表；

（6）根据科目汇总表登记各总分类账；

（7）月末，结出各总分类账、日记账和明细账的本期发生额及期末余额；

（8）将日记账和明细账分别与总账相互核对，并根据总账资料编制总分类账本期发生额及余额试算平衡表；

（9）根据总账和明细账资料编制资产负债表、损益表（利润表）；

（10）将经整理、折叠整齐的会计凭证、账簿和会计报表加具封面、封底，装订成册；

（11）记账凭证和账簿一律使用碳素或蓝黑墨水钢笔填写、登记；

（12）账务处理过程中发生错误，应区别错误类型，分别采用划线更正法、红字更正法或补充登记法进行更正，不得采用刮、擦、挖、补、涂改或用褪色药水、修正液等错误方法更改字迹；

（13）经济业务说明后面括号内的号码，表示所附原始凭证（部分）的编号。

五、八点重要提示

（一）期初建账

建立账簿是企业单位进行会计核算的起点。由于各单位的会计核算建立在持续经营与会计分期等假设基础知识之上，因此，在每个会计期初，应将上期末各账户的期末余额过入本期各账簿中，作为期初余额；对期末无余额的账户或未开设的账户（比如损益类账户），也要按照企业的实际需要建立账簿。同时企业在结束旧账时也应开设新账，这个过程就是所谓的期初建账。

一般情况下，总账、日记账和多数明细账应每年更换一次，但由于有些财产物资明细账和债权债务明细账的材料品种、规格和往来单位较多，更换新账时重抄一遍工作量较大，因此，可以跨年度使用。各种备查账也可以连续使用。

1. 账簿的开启

年度开始建立新账时，应在账簿封面上写明"账簿名称"、"单位名称"、"账簿所属年度"、"本账册数"等内容。

在账簿扉页上应附"经营本账簿人员一览表"，格式见表1-1。

表 1-1 账簿启用表

账 簿 启 用 表

贴印花处

单位名称			（加盖公章）	负 责 人	职 务	姓 名
账簿名称			账簿第 册	单位领导		
账簿号码	第 号	启用日期	年 月 日	会计主管		
账簿页数	本账簿共计		页	主办会计		

经营本账簿人员一览表

记账人员			接管日期			移交日期			监交人员		备注
职务	姓名	签章	年	月	日	年	月	日	职务	姓名	

账簿启用表填写范例如表 1-2 所示：

表 1-2 账簿启用表填写范例

账 簿 启 用 表

贴印花处

单位名称	蓝天贸易有限公司		（加盖公章）	负 责 人	职 务	姓 名
账簿名称	现金出纳账		账簿第二册	单位领导		莫立欣
账簿号码	第 2 号	启用日期	2014 年 12 月 1 日	会计主管		
账簿页数	本账簿共计	116	页	主办会计		张进财

经营本账簿人员一览表

记账人员			接管日期			移交日期			监交人员		备注
职务	姓名	签章	年	月	日	年	月	日	职务	姓名	
出纳	梅小利										

启用订本式账簿，应从第一页到最后一页顺序编定页数，不得跳页、缺号。

2. 建立总账

（1）总账的格式。大多数企业采用三栏式总账，即账页按借、贷、余三栏设置，格式见表 1-3。

表1-3 总账

总 账

总页码	
本户页次	

会计科目名称及编号 _____

年		凭证编号	摘　　要	借　方										贷　方										借或贷	余　额									
月	日			十	亿	千	百	十	万	千	百	十	元	角	分	十	亿	千	百	十	万	千	百	十	元	角	分		十	亿	千	百	十	万	千	百

（2）填写总账目录与粘贴口曲纸。总账目录页会计科目填写的顺序一般以企业会计制度设定的会计科目顺序为依据，并结合企业实际业务特点设定，这样有利于报表的编制，

而口曲纸的粘贴在于方便记账工作，如表 1-4 和表 1-5 所示。

表 1-4　账簿目录表填写范例

账 簿 目 录 表

账号名称	账号	总页码	账号名称	账号	总页码
库存现金		001			
银行存款		002			
其他货币资金		003			
交易性金融资产		004			
应收票据		005			
应收账款		006			
坏账准备		007			
预付账款		008			
库存商品		009			
商品进销差价		010			
加工商品		011			
发出商品		012			

表 1-5　粘贴口曲纸范例

库存现金	银行存款	其他货币资金	交易性金融资产	应收票据	应收账款	坏账准备	预付账款

总　账

总 页 码	1
本户页次	

会计科目名称及编号　　　　库存现金

20××年		凭证编号	摘　要	借　方	贷　方	借或贷	余　额
月	日			十亿千百十万千百十元角分	十亿千百十万千百十元角分		十亿千百十万千百十元角分
12	1		期初余额			借	1 6 4 0 0 0
	10	科汇 01	1—10 日发生额	1 0 1 4 9 0 0 0	9 2 3 5 5 0 0	借	1 0 7 7 5 0 0
	20	科汇 21/2	11—20 日发生额	2 0 0 0 0 0	3 0 0 0 0	借	1 2 4 7 5 0 0
	31	科汇 3	21—31 日发生额		2 1 4 8 0 0	借	1 0 3 2 7 0 0
	31		本月合计	1 0 3 4 9 0 0 0	9 4 8 0 3 0 0	借	1 0 3 2 7 0 0
	31		本季累计	1 0 3 4 9 0 0 0	9 4 8 0 3 0 0	借	1 0 3 2 7 0 0
	31		本年累计	1 0 3 4 9 0 0 0	9 4 8 0 3 0 0	借	1 0 3 2 7 0 0
			结转下年				

　　（3）总账期初余额的登记。各总账账户期初余额的登记方法基本相同，只是不同性质的账户在余额的登记方向上有所不同。

　　例如，库存现金账户 20××年 11 月末余额 1640 元，则库存现金账户 20××年 12 月初余额登记方法如下：

　　首先，在表头"会计科目名称及编号"栏填写：库存现金；在"年度"填写：20××年。

　　其次，在表体月、日栏填写：12 月 1 日；在"摘要"栏填写：期初余额或者承前页；在"借或贷"栏填写：借；在"余额"栏填写：1640.00，如表 1-6 所示：

表1-6　总账登记范例

总　　账

总页码	1
本户页次	

会计科目名称及编号　　　库存现金

20××年 月	日	凭证编号	摘要	借方	贷方	借或贷	余额
12	1		承前页			借	164000
	10	科汇1	1—10日汇总过入	10149000	9235500	借	1077500
	20	科汇2	11—20日汇总过入	200000	110000	借	1167500
	31	科汇3	21—31日汇总过入		214800	借	952700
	31		本月合计	10349000	9560300	借	952700
			本季累计	10349000		借	952700
			本年累计	10349000		借	952700
			结转下年				

3. 建立日记账

出纳日记账包含库存现金日记账与银行存款日记账等，所有经济单位都应设置库存现金、银行存款日记账，用以序时核算库存现金和银行存款的收入、付出和结存情况，借以加强对货币资金的管理。

库存现金日记账由出纳人员登记，它是根据审核无误的现金收、付款凭证或银行存款付款凭证，按照经济业务发生的顺序，逐日逐笔进行登记的账簿。每日终了应结出库存现金余额。库存现金日记账用订本式的三栏式账页，基本结构为"借方"、"贷方"和"余额"三栏。

银行存款日记账的账簿设置和基本结构与库存现金日记账一样，也由出纳人员登记。它是根据审核无误的银行存款收、付款凭证或库存现金付款凭证，按照经济业务发生的顺序，逐日逐笔进行登记的账簿。每日终了应结出银行存款余额，月份终了，应根据企业账面结余数与银行对账单余额编制的"银行存款余额调节表"进行核对。出纳日记账格式见表1-7。

表 1-7 出纳日记账

出 纳 日 记 账

第_____页

20××年		凭证编号	摘要	对方科目	票号	库存现金			银行存款		
月	日					借方	贷方	借方余额	借方	贷方	借方余额
						百十万千百十元角分	百十万千百十元角分	亿千百十万千百十元角分	亿千百十万千百十元角分	亿千百十万千百十元角分	亿千百十万千百十元角分

出纳日记账填写范例如表1-8所示:

表1-8 出纳日记账填写范例

出 纳 日 记 账

第 4 页

20xx年 月	日	凭证编号	摘要	对方科目	票号	库存现金 借方	库存现金 贷方	库存现金 借方余额	银行存款 借方	银行存款 贷方	银行存款 借方余额
12		1	承前页					1 640 00			11 235 40
	1	银收01	收到商品款	主营业务收入等					56 00 00		11 291 40
	3	现收01	提现	库存现金/银行存款 5101		13 600 00		15 240 00		13 600 00	11 155 40
	3	现付01	发放退休金	管理费用			13 600 00	1 640 00			
	4	现付02	报销药费	应付职工薪酬 5102			392 00	1 248 00			
	4	银付02	支付住院费	应付职工薪酬 5103						1 440 00	11 141 00
	5	银付03	提现	库存现金/银行存款 5103		8 589 00		8 713 80		8 589 00	10 282 10
	5	现付03	发放工资	应付职工薪酬 5104			7 735 00	978 30			
	6	银付04	提现	库存现金/银行存款 5104		2 000 00		1 178 30		2 000 00	10 262 10
	6	银付05	支付货款	应付账款 5105						9 360 00	9 021 00
	7	银付06	购设备	固定资产 5106						3 510 00	
	7	银收02	借房资收入	固定资产清理					10 000 00		7 392 10
	8	现付07	支付报利费	待摊费用 5107			300 00				
	8	银付08	支付办公费	固定资产 5108						2 834 00	7 363 76
	8	银收03	收回环账	应收账款					3 000 00		6 925 76
	8	现付04	支付招待费	管理费用			1 080 00	1 167 50			
	9	现付05	预借差旅费	其他应收款			900 00	1 077 50			
	9	银付09	缴纳上月税费	应交税金						3 446 00	6 881 16
	10	银收04	收到定金	预收账款					5 600 00		7 441 16
	10		过次页			10 149 00	9 235 00	1 077 50	10 916 00	14 710 24	7 441 16

4. 建立明细账

（1）明细账的格式。各单位在设置总分类账的基础上，还应按照企业管理的要求，设置若干必要的明细分类账，以进一步了解该总账科目的具体和详细情况。明细分类账的格式不固定，一般采用活页式账簿，可以是三栏式、数量金额式和多栏式等。

（2）填写明细账扉页与粘贴口曲纸。明细账扉页填写与口曲纸粘贴的目的和方法与总账基本相同。需要注意的是不要在每张活页账的账页上都贴口曲纸，贴满了反而不方便。

（3）三栏式明细账期初余额的登记。三栏式明细账的格式与总账相同，适用于只需要反映金额结算的账户，如"应收账款"、"应付账款"、"预收账款"等不需要进行数量核算的债权和债务等账户，它是最常见的明细账，格式见表1-9。

表1-9 三栏式明细账

三 栏 账

账号		总页码	
页次			

账户名称：⋯⋯⋯⋯⋯⋯⋯⋯⋯⋯⋯⋯

年		凭证编号	摘要	借方										√	贷方										√	借或贷	余额										核对
月	日			十亿千百十万千百十元角分											十亿千百十万千百十元角分													十亿千百十万千百十元角分										

三栏账填写范例如表1-10所示：

表1-10 三栏账登记范例

三 栏 账

| 账号 | | 总页码 | |
| 页次 | | 5 | |

账户名称： 交易性金融资产——股票成本

20××年		凭证编号	摘要	借方 亿千百十万千百十元角分	√	贷方 亿千百十万千百十元角分	√	借或贷	余额 亿千百十万千百十元角分	核对
月	日									
12	1		承前页					借	4 0 0 0 0 0 0	
	12	转09	购买"粤电力"股	4 6 5 5 1 5 0	√			借	8 6 5 5 1 5 0	
	20	转19	卖出"粤电力"股			4 6 5 5 1 5 0	√	借	4 0 0 0 0 0 0	√
	31		本月合计	4 6 5 5 1 5 0		4 6 5 5 1 5 0		借	4 0 0 0 0 0 0	
			本季累计					借	4 0 0 0 0 0 0	
			本年累计					借	4 0 0 0 0 0 0	
			结转下年							

（4）数量金额式明细账期初余额的登记。数量金额式明细账分别设有"收入"、"发出"和"结存"三栏，每栏分设数量、单价和金额。这种格式适用于既要进行价值核算，又要进行实物数量核算的各种财产物资明细账户，如"原材料"、"自制半成品"、"库存商品"、"工程物资"等账户，格式见表1-11。

表1-11 数量金额式明细账

存货仓名： 规格： 单位：

年		记账凭证号数	摘要	页数	收入			发出			结存		
月	日				数量	单价	金额 千百十万千百十元角分	数量	单价	金额 千百十万千百十元角分	数量	单价	金额 千百十万千百十元角分

"原材料"数量金额式明细账填写范例如表 1 - 12 所示：

表 1 - 12　"原材料"数量金额式明细账登记范例

原材料进销存
SUBSIDIARY LEDGER OF INVENTORG

总第　页
分第 1 页

部类＿＿＿＿　产地＿＿＿＿　单位　公斤　规格＿＿＿＿　品名　甲材料

20××年		凭证字号	摘要	收入			发出			结存		
月	日			数量	单价	金额 千百十万千百十元角分	数量	单价	金额 千百十万千百十元角分	数量	单价	金额 千百十万千百十元角分
12	1		期初结存							8500	100	8 5 0 0 0 0 0
	5	领 200301	生产领用				400	100	4 0 0 0 0 0	8100	100	8 1 0 0 0 0 0
	8	领 200302	生产领用				1300	100	1 3 0 0 0 0 0	6900	100	6 9 0 0 0 0 0
	8	领 200303	生产领用				1500	100	1 5 0 0 0 0 0	5400	100	5 4 0 0 0 0 0
	10	入 10344	购入	1000	100	1 0 0 0 0 0 0				6400	100	6 4 0 0 0 0 0
	13	入 10345	购入	4000	100	4 0 0 0 0 0 0				10400	100	1 0 4 0 0 0 0 0
	14	领 200304	生产领用				1800	100	1 8 0 0 0 0 0	8600	100	8 6 0 0 0 0 0
	17	领 200305	生产领用				100	100	1 0 0 0 0 0	8500	100	8 5 0 0 0 0 0
	21	领 200306	生产领用				500	100	5 0 0 0 0 0	8000	100	8 0 0 0 0 0 0
	21	领 200307	行政领用				30	100	3 0 0 0 0	7980	100	7 9 8 0 0 0 0
	23	领 40039	对外销售				100	100	1 0 0 0 0 0	7880	100	7 8 8 0 0 0 0

（5）多栏式明细账期初余额的登记。多栏式明细账是根据企业经济业务的特点和经营管理的需要，在一张账页内按有关明细科目或明细项目分设若干专栏，用以在同一张账页上集中反映各有关明细科目和明细项目的核算资料，格式如表 1 - 13 所示。

表 1 - 13　十三栏明细账

账号			
页次		总页码	

13栏

千百十万千百十元角分	千百十万千百十元角分	千百十万千百十元角分	千百十万千百十元角分

十三栏明细账填写范例如表 1–14 所示：

表 1–14 十三栏明细账期初余额登记范例

十三栏明细账

总页码	编号
1	页次

年		凭证编号	摘要	管理费用				
月	日			合计	工资	退休金	办公费	招待费
			核算工资	3030000	3030000			
			报销各项费用	211000			21000	190000
			本月合计	3241000	3030000		21000	190000

（二）原始凭证的填制与审核

1. 原始凭证的填制要求

原始凭证的填制是会计核算工作的起点。如果原始凭证出现差错，必然会导致会计信息失真。为了保证原始凭证能够及时、准确、清晰地反映经济业务的具体情况，必须提高会计工作质量；填制原始凭证时，必须符合下列要求：

（1）内容要真实。原始凭证填制的日期、业务内容和数字必须是真实可靠的，同时必须符合有关法律、法规和制度的要求。

（2）填制要及时。原始凭证必须按经济业务的执行和完成情况及时填制，并按规定程序及时递交会计部门，保证会计信息的时效性。

（3）填写要完整。原始凭证虽然形式多样，但都有其基本内容，填写时应做到项目齐全，不得遗漏，并且填写手续要完备，文字说明要简明扼要。

（4）责任要明确。对外开出的原始凭证必须加盖本单位公章；自制原始凭证必须有经办人员的签名或盖章；从外单位取得原始凭证必须盖有填制单位的公章。

（5）数字要一致。原始凭证填写时数字计算要正确，大小写金额要一致。

（6）书写要正确。各种原始凭证填写要用蓝黑墨水笔，文字要简要，字迹要清楚，易于辨认；大小写金额数字要符合规范，正确填写。

（7）更正要规范。原始凭证填写错误时不得随意涂改、刮擦和挖补，否则，应退回原填制单位更正或重新填制。如果凭证已预先编号，在写错作废时，应当加盖"作废"戳记，全部保存，不得撕毁。

2. 会计字码的书写要求

会计字码分为大写和小写，小写字码也叫阿拉伯数字。

（1）汉字大写金额。

①汉字大写金额，数字一律用正楷或行书。如壹、贰、叁、肆、伍、陆、柒、捌、玖、拾、佰、仟、万、亿、元、角、分、零、整等字样，不得自造简化字。

②汉字大写金额到"元"或"角"为止的，在"元"或"角"字之后，应写"整"或"正"字；大写金额数字有"分"的，"分"后面不写"整"字。汉字大写金额数字，应与"人民币"字样紧接填写，不得留有空白。

③阿拉伯数字金额中有"0"时，应按正确的方法书写。

a. 阿拉伯数字金额中间有一个"0"时，汉字大写金额要写"零"字。如￥8606.47应写成：人民币捌仟陆佰零陆元肆角柒分。

b. 阿拉伯数字金额中间连续有几个"0"时，汉字大写金额中间只写一个"零"字。如￥8006.47应写成：人民币捌仟零陆元肆角柒分。

c. 阿拉伯数字金额元位是"0"，或者数字中间连续有几个"0"，元位也是"0"时，汉字大写金额中可以只写一个"零"，也可以不写"零"。如¥5000.20可写成：人民币伍仟元零贰角整，或写成：人民币伍仟元贰角整。

（2）汉字出票日期大写。

票据的出票日期必须使用中文大写。为防止变造票据的出票日期，在填写月、日时，月为壹至玖和壹拾的，日为壹至玖和壹拾、贰拾和叁拾的，应在其前加"零"字；日为拾壹至拾玖的，应在其前加"壹"字。如1月15日，应写成零壹月壹拾伍日；再如10月20日，应写成零壹拾月零贰拾日。

（3）阿拉伯数字的写法。

①字迹要清晰，易于辨认。

②位置要适当。数字写在横格上，高度为1/2或2/3，不要顶格写，数字错后便于改动。

③阿拉伯数字应一个一个地写，阿拉伯金额数字前应当书写货币币种符号（如人民币符号为"¥"）或者货币名称简写。币种符号与阿拉伯金额数字之间不得留有空白。凡在阿拉伯金额数字前面写有币种符号的，数字后面不再写货币单位（如人民币"元"）。

④所有以元为单位（或以其他货币种类为货币基本单位，下同）的阿拉伯数字，除表示单价等情况外，一律在元位小数点后填写到角分，无角分的，角、分位可写"00"或符号"——"，有角无分的，分位应写"0"，不得用符号"—"代替。

3. 原始凭证审核要求

对原始凭证进行审核和监督是会计人员的法律职责，只有审核无误的原始凭证才能作为填制记账凭证、登记入账的依据。原始凭证的审核主要从以下四个方面进行：

（1）合法性审查。审查原始凭证上所记载的经济业务内容是否符合国家的政策、法令和制度等有关规定，对于不合法的原始凭证不予受理；对严重违法的原始凭证，在不予受理的同时，还应当予以扣留，并及时向单位领导人报告，请求查明原因，追究当事人责任。

（2）真实性审查。审查原始凭证上所记载的经济业务发生的时间、地点、当事人和内容的真实可靠性。不能有弄虚作假、伪造和篡改经济业务的情况发生。

（3）完整性审查。审查原始凭证的内容、项目是否全面，填制手续是否齐全并符合规定要求。对记载不准确、不完整、审批手续不全的原始凭证予以退回，并要求经办人员更正和补充。

（4）正确性审查。审查原始凭证中数字计算是否正确，书写是否清楚。如果原始凭证中的金额有错误，应退回原出具单位重新填制。

4．原始凭证中容易出现的错误与舞弊

原始凭证中容易出现的错误与舞弊主要有：

（1）内容记载含糊不清，或故意掩盖事实真相，进行贪污舞弊。

（2）单位抬头不是本单位。

（3）数量、单价与金额不符。

（4）无收款单位签章。

（5）在整理和粘贴原始凭证过程中进行舞弊。例如，利用单位原始凭证粘贴、整理不规范的弱点，在进行粘贴和整理时，采用移花接木的手法，故意将个别原始凭证抽出，等以后再重复报销；或在汇总原始凭证金额时，故意多汇或少汇，达到贪污其差额的目的。

（6）模仿领导笔迹签字冒领。

（7）涂改原始凭证上的时间、数量、单价、金额，或添加内容和金额。

5．对有问题的原始凭证的处理

在审核原始凭证的过程中，会计人员要认真执行《会计法》所赋予的职责和权限，坚持制度、坚持原则。对违反国家规定的收支，超过计划、预算或者超过规定标准的各项支出，违反制度规定的预付款项，非法出售材料、物资所得费用，任意出借、变卖、报废和处理财产物资以及不按国家关于成本开支范围和费用划分的规定乱挤乱摊生产成本的凭证，会计人员应拒绝办理。对于内容不完全、手续不完备、数字有差错的凭证，会计人员应予以退回，要求经办人补办手续或进行更正。对于伪造或涂改等弄虚作假、严重违法的原始凭证，会计人员在拒绝办理的同时，还应当予以扣留，并及时向单位主管或上级主管报告，请求查明原因，追究当事人的责任。

（三）记账凭证的填制与审核

1．记账凭证的格式

记账凭证的格式有两种，通用格式的记账凭证见表1-15，专用格式的记账凭证可分为：收款凭证、付款凭证和转账凭证，分别见表1-16、表1-17和表1-18。

表 1 – 15 记账凭证

记 账 凭 证

单位名称：

科目：   年   月   日   字第   号

<table>
<tr><td rowspan="2">摘　　　要</td><td rowspan="2">总 账 科 目</td><td rowspan="2">明 细 科 目</td><td colspan="10">借 方 金 额</td><td colspan="10">贷 方 金 额</td><td rowspan="2">√</td></tr>
<tr><td>亿</td><td>千</td><td>百</td><td>十</td><td>万</td><td>千</td><td>百</td><td>十</td><td>元</td><td>角</td><td>分</td><td>亿</td><td>千</td><td>百</td><td>十</td><td>万</td><td>千</td><td>百</td><td>十</td><td>元</td><td>角</td><td>分</td></tr>
<tr><td rowspan="5">财政局核定格式</td><td></td><td></td><td></td><td></td><td></td><td></td><td></td><td></td><td></td><td></td><td></td><td></td><td></td><td></td><td></td><td></td><td></td><td></td><td></td><td></td><td></td><td></td><td></td><td rowspan="5">附件　　　张</td></tr>
<tr><td></td><td></td><td></td><td></td><td></td><td></td><td></td><td></td><td></td><td></td><td></td><td></td><td></td><td></td><td></td><td></td><td></td><td></td><td></td><td></td><td></td><td></td><td></td></tr>
<tr><td></td><td></td><td></td><td></td><td></td><td></td><td></td><td></td><td></td><td></td><td></td><td></td><td></td><td></td><td></td><td></td><td></td><td></td><td></td><td></td><td></td><td></td><td></td></tr>
<tr><td></td><td></td><td></td><td></td><td></td><td></td><td></td><td></td><td></td><td></td><td></td><td></td><td></td><td></td><td></td><td></td><td></td><td></td><td></td><td></td><td></td><td></td><td></td></tr>
<tr><td></td><td></td><td></td><td></td><td></td><td></td><td></td><td></td><td></td><td></td><td></td><td></td><td></td><td></td><td></td><td></td><td></td><td></td><td></td><td></td><td></td><td></td><td></td></tr>
<tr><td>合　　计</td><td></td><td></td><td></td><td></td><td></td><td></td><td></td><td></td><td></td><td></td><td></td><td></td><td></td><td></td><td></td><td></td><td></td><td></td><td></td><td></td><td></td><td></td><td></td><td></td></tr>
</table>

会计主管   复核   记账   审核   制单

表 1 – 16 收款凭证

收 款 凭 证

J1 式

借方科目：   年   月   日   字第   号

<table>
<tr><td rowspan="2">摘　　　要</td><td colspan="2">贷 方 科 目</td><td colspan="10">金 额</td><td rowspan="2">记账√</td></tr>
<tr><td>总 账 科 目</td><td>明 细 科 目</td><td>亿</td><td>千</td><td>百</td><td>十</td><td>万</td><td>千</td><td>百</td><td>十</td><td>元</td><td>角</td><td>分</td></tr>
<tr><td></td><td></td><td></td><td></td><td></td><td></td><td></td><td></td><td></td><td></td><td></td><td></td><td></td><td></td><td></td></tr>
<tr><td></td><td></td><td></td><td></td><td></td><td></td><td></td><td></td><td></td><td></td><td></td><td></td><td></td><td></td><td></td></tr>
<tr><td></td><td></td><td></td><td></td><td></td><td></td><td></td><td></td><td></td><td></td><td></td><td></td><td></td><td></td><td></td></tr>
<tr><td></td><td></td><td></td><td></td><td></td><td></td><td></td><td></td><td></td><td></td><td></td><td></td><td></td><td></td><td></td></tr>
<tr><td></td><td></td><td></td><td></td><td></td><td></td><td></td><td></td><td></td><td></td><td></td><td></td><td></td><td></td><td></td></tr>
<tr><td>附件　　　张</td><td colspan="2">合　　　计</td><td></td><td></td><td></td><td></td><td></td><td></td><td></td><td></td><td></td><td></td><td></td><td></td></tr>
</table>

会计主管   记账   出纳   审核   制证

表 1-17 付款凭证

付 款 凭 证

财政局颁布 J2 式

贷方科目：　　　　　　　年　月　日　　　　　字第　号

摘　　要	借 方 科 目		金 额	记账 ∨
	总 账 科 目	明 细 科 目	亿 千 百 十 万 千 百 十 元 角 分	
附件　　张	合　　　　计			

财政局核定格式

会计主管　　　　记账　　　　出纳　　　　审核　　　　制证

表 1-18 转账凭证

转 账 凭 证

J3a 式

　　　　　　　年　月　日　　　　　字第　号

摘　　要	会 计 科 目		借 方 金 额	贷 方 金 额	记账 ∨
	总 账 科 目	明 细 科 目	亿 千 百 十 万 千 百 十 元 角 分	亿 千 百 十 万 千 百 十 元 角 分	
附件　　张	合　　计				

会计主管　　　　记账　　　　审核　　　　制证

2. 编制记账凭证的要求

编制记账凭证时，首先要对原始凭证进行审核，只有无误后才能据以编制记账凭证。在编制记账凭证时，一般应符合如下要求：

（1）日期要清楚。收、付款凭证一般应填写经济业务的发生日期，因为收、付款业务一经发生，就应根据原始凭证填制记账凭证。转账凭证上的日期，一般应写转账凭证的填制日期。但有些属于当月的经济业务，如费用的分配或成本、利润的结转等，需要到下月初才能编制转账凭证的，则应填写当月末的日期，以便记入当月账内，正确计算当月的经营成果。

（2）摘要要明确。以简明扼要的文字，概括地写清楚经济业务的内容，据此登记账簿，便于日后查阅。①为了使摘要写得简明扼要，应尽可能使用一般会计通用的代用符号。如人民币元用"￥"，第几号用"#"，单价用"@"等。②尽可能用会计通用术语，如结转、冲转、转存、冲销、核销等。

（3）科目要明细。记账凭证中填写明细科目，是为了按明细科目归类汇总和登记有关明细账簿。

（4）金额要准确。记账凭证中每一会计科目的金额必须与所附原始凭证或原始凭证汇总表中的有关金额相一致。记账凭证中的借方金额合计数必须与贷方金额合计数相等。如果"角"位、"分"位没有数字，要写"00"字样。写完一张凭证后，金额栏剩余的空行应画一斜线注销。金额合计第一位数前应加人民币符号"￥"。

（5）编号要科学。对记账凭证进行编号，是为了便于记账凭证与账簿的核对，了解记账凭证是否齐全。记账凭证一般是按月顺序编号，即从每月的第一笔经济业务发生后填制的记账凭证第 1 号开始，顺序编号至月末最后一张记账凭证第 x 号。也可按库存现金和银行存款收入、库存现金和银行存款付出、转账业务三类进行编号。记账凭证一般是一张编一个号，如果发生复杂的经济业务，需要编制两张或两张以上记账凭证时，可采用"分数编号法"，例如，4 号经济业务需填制三张记账凭证，其编号分别为 $4\frac{1}{3}$、$4\frac{2}{3}$、$4\frac{3}{3}$。

（6）计算要准确。为了保证原始凭证完整无缺，记账凭证中附件张数的计算，应以所附原始凭证的自然张数为准。凡是说明记账凭证中该项经济业务记录的证件，都应作为原始凭证附件，有一张算一张，将附件全部计算在内。

（7）签章要齐全。为了使经济业务互相制约，严格管理，减少差错，记账凭证中要有填制凭证人员、审核人员、记账人员、会计主管人员签名或盖章。收、付款的记账凭证还应由出纳人员签名或盖章。

（8）位置要注明。如果一张原始凭证涉及几张记账凭证，可把原始凭证附在一张主要的记账凭证后面，在其他记账凭证上注明附有原始凭证的记账凭证编号。

编制记账凭证如表 1-19 所示：

表 1-19 编制转账凭证范例

转 账 凭 证

20××年12月1日 转字第 01 号

摘 要	会 计 科 目		借 方 金 额	贷 方 金 额	记账√
	总账科目	明细科目	亿千百十万千百十元角分	亿千百十万千百十元角分	
××服装	库存商品	男式西装	8 0 0 0 0 0 0 0		√
	应交税费	应交增值税（进项税额）	1 3 6 0 0 0 0 0		√
	应付账款	利民服装厂		9 3 6 0 0 0 0 0	√
附件 1 张	合 计		￥9 3 6 0 0 0 0 0	￥9 3 6 0 0 0 0 0	

会计主管 张进财　　记账 黄丽霞　　审核　　　　　　　　　制证 黄丽霞

3. 记账凭证的审核

记账凭证填制完成后，为了保证会计记录的正确性，必须对记账凭证进行审核，审核无误后据以登记账簿。审核要点如下：

（1）一致性审核。审核记账凭证后面是否附有原始凭证，所附原始凭证是否齐全，记账凭证所反映的经济业务是否与所附凭证的业务内容相符。

（2）正确性审核。审核记账凭证中会计科目的运用是否正确；借贷方向有无错误；金额计算有无差错。

（3）完整性审核。审核记账凭证填写项目是否齐全，有无遗漏，填写是否规范，书写是否清楚，责任人是否有签字盖章等。

记账凭证审核是会计监督的主要环节，是保证会计工作质量的前提条件，会计部门应建立专人审核制度，以确保会计信息的准确。在记账凭证审核中如果发现错误，应及时提醒有关人员更正或重新填制，只有审核无误的记账凭证才能作为登记账簿的依据。

4. 记账凭证中容易出现的错误与舞弊

（1）会计账户运用错误。

（2）合计金额计算错误。

（3）记账凭证与所附原始凭证单据不符。

（4）在汇总凭证中进行舞弊。例如，在汇总若干费用报销单据时，故意多汇总，使付款凭证上的金额大于所附原始凭证的合计金额，以达到贪污其差额的目的。又如，在汇总若干张收款原始凭证时，故意少汇总，使收款凭证上的金额小于所附原始凭证的实际金额，以达到贪污其差额的目的。

（5）记账凭证中的"摘要"失真，编造虚假记账凭证。

（四）账簿的登记

1. 登账的时间

（1）日记账的登记时间。出纳人员应该根据办理完毕的收、付记账凭证，逐笔地顺序登记库存现金与银行存款日记账。每日终了要结出余额。

（2）明细账的登记时间。可以根据原始凭证、汇总的原始凭证或记账凭证逐日进行登记；也可以根据这些凭证定期（3天或5天）登记。但各项债权债务明细账应每日登记，以便随时与对方结算；财产物资明细账也要每日登记，以便随时核对存货余额。

（3）总账的登记时间。总账账户要按照既定的会计核算形式及时记账。采用记账凭证核算形式记账的单位，直接根据记账凭证定期登记总账，采用汇总记账凭证核算形式记账的单位，可以根据汇总收款凭证、汇总付款凭证和汇总转账凭证的合计数，月终时一次登记总账；采用科目汇总表核算形式记账的单位，可以根据每次汇总编制的科目汇总表随时登记，也可以在月终时，根据科目汇总表中各科目发生额的合计数一次登记。

2. 登账的基本规则

（1）账簿记录中的日期。登记会计账簿时，无论是当天记账，还是隔天记账，账簿记录中的日期都要填写记账凭证上的日期（包括年份），因为记账凭证是登记账簿的依据。发现漏记账目时，应进行补记，补记日期仍按原记账凭证日期填写，并在"摘要"栏加注"补记"字样。

（2）记账时，除"附件张数"以外，凭证编号、经济内容摘要、金额等全部内容，都要记入账内，以便从账簿上了解某一经济事项的全部内容，还可以根据"凭证号码"进行查对。

（3）登账后，要在记账凭证上签名或盖章，并注明已经登账的符号，表示已经记账。记账符号一般用"√"表示。

（4）各种账簿按页次顺序连续登记，不得跳行和隔页。如发生时，应将空行和空页画线注销，或注明"此行空白"或"此页空白"字样，并由记账人员盖章。一张账页的正、背面，不能同时设置两个账户；也不能只在账页的正面记账，背面不记账。一张账页的正、背面记满后，新开的账页上必须填写与前页相同的账户名称。

（5）凡需结出余额的账户，结出余额后，应在"借或贷"等栏内写明"借"或"贷"字样，没有余额的写"平"字，并在余额栏"元"位上写"0"表示。

（6）登记账簿必须用蓝黑墨水笔或碳素墨水笔书写，不得使用圆珠笔或铅笔，以便于账簿记录的长期保存。

（7）登记账簿发生差错，应将错误的文字或数字用红色墨水画线注销，在画线上方写上正确字样，并加盖个人印章。

（8）为了保持账目记录的连续性，每一账页登记完毕结转下页时，应结出本页发生额合计数及余额，写在本页最后一行和下页第一行有关栏内，并在摘要栏注明"过次页"和"承前页"。

3. 科目汇总表核算形式下总账的登记

企业要按照既定的会计核算形式及时登记总账，下面以科目汇总表核算形式为例，说明登记总账的过程。

科目汇总表最主要的作用在于简化登记总分类账的工作，同时，科目汇总表也可以起到试算平衡的作用。其登账步骤如下：

第一步：登记 T 字账。

（1）按照总分类账的账页目录顺序开设 T 字账。

（2）将记账凭证内容过入 T 字账。

（3）T 字账登记完毕后，计算每个账户的借、贷方发生额。据此编制科目汇总表。

第二步：编制科目汇总表（编制步骤如下）。

（1）在表头部分填写所汇总凭证的期间，如 20××年 12 月 1—10 日。

（2）按照 T 字账的顺序填写会计科目栏中有本月发生额的会计科目。

（3）将 T 字账中本月借、贷方发生额过入科目汇总表相应项目中。当 T 字账登记与记账凭证填制正确时，科目汇总表中所在账户借方、贷方发生额的合计应相等。

（4）注明该科目汇总表的编号，如"科汇 1"，并注明该科目汇总表所汇总的凭证范围。

（5）完成上述工作后，填写制表者姓名。

科目汇总表格式如表 1-20 所示：

表 1-20 科目汇总表

科 目 汇 总 表

J/式 类别 编号	年 月 日至 日	凭证 号至 号共 张 凭证 号至 号共 张 凭证 号至 号共 张

会 计 科 目	本期发生额			
	借 方 金 额	√	贷 方 金 额	√
	亿 千 百 十 万 千 百 十 元 角 分		亿 千 百 十 万 千 百 十 元 角 分	
合 计				

会计主管　　　　　记账　　　　　审核　　　　　制表

第三步：登记总账。

在科目汇总表核算形式中，登记总账的过程是将科目汇总表中汇总的各账户借、贷方发生额分别登记到对应总账中，并结出余额的过程。

例如：20××年12月10日，根据1—10日科目汇总表登记库存现金总账，如表1-21所示。操作步骤为：

（1）在库存现金总账"日期"栏填写"12月10日"。

（2）在"凭证编号"栏填"科汇1"。

（3）在"摘要"栏填写"1—10日汇总过入"。

（4）在"借方"栏和"贷方"栏分别填写科目汇总表中所列金额。

（5）根据库存现金总账期初余额与本期借、贷方发生额结出本期余额。

表1-21　科目汇总表登记库存现金总账范例

总　　账

总　页　码	1
本户页次	

会计科目名称及编号　　　库存现金

20××年 月	日	凭证编号	摘　要	借　方 十亿千百十万千百十元角分	贷　方 十亿千百十万千百十元角分	借或贷	余　额 十亿千百十万千百十元角分
12	1		承前页			借	1 6 4 0 0 0
	10	科汇1	1—10日汇总过入	1 0 1 4 9 0 0 0	9 2 3 5 5 0 0	借	1 0 7 7 5 0 0
	20	科汇2	11—20日汇总过入	2 0 0 0 0 0	1 1 0 0 0 0	借	1 1 6 7 5 0 0
	31	科汇3	21—31日汇总过入		2 1 4 8 0 0	借	9 5 2 7 0 0
	31		本月合计	1 0 3 4 9 0 0 0	9 5 6 0 3 0 0	借	9 5 2 7 0 0
			本季累计	1 0 3 4 9 0 0 0		借	9 5 2 7 0 0
			本年累计	1 0 3 4 9 0 0 0		借	9 5 2 7 0 0
			结转下年				

（五）对账

根据记账凭证登记明细账和总账后，为了检查记账是否正确，可以定期或不定期地采用对账的方法予以核实。对账包括以下内容：

1．账证核对

账证核对就是检查原始凭证、记账凭证与账簿记录的会计科目、金额、借贷方等项目是否相符。这种核对除在日常制单、记账过程中进行以外，每月终了，如果发现账账不符，还应当追本溯源，进行账簿与会计凭证的检查核对，以确保账证相符。

2．账账核对

账账核对包括总账的核对、总账与所属明细账的核对、总账与日记账的核对。

3．账实核对

账实核对就是将企业财产物资的账面结存数与实际结存数进行核对，对不同的财产物资如库存现金、存货和固定资产等采用实地盘点方法，清查其实际结存数量，并与账面上结存的数量相核对。

银行存款则需要通过编制"银行存款余额调节表"进行核对。

债权和债务可通过函询等方法进行核对。

（六）结账

为了总结某一时期在账簿内已记录的经济业务，必须在会计期末进行结账。不得为赶编报表而提前结账，更不得先编报表后结账。

在账簿结账前应保证在月份内发生的应该记入当月账内的各项经济业务都已入账，并已对账完毕。

1．月末结账

月末结账时，要根据不同的账户记录采用不同的方法。对不需要按月结计本期发生额的账户，如各项应收、应付款账户的明细账和其他各项资产、负债账户的明细账等，都要随时结出余额，每月最后一笔余额即为月末余额。月末余额结计在本月最后一笔经济业务记录的同一行"余额"栏内，并在此余额行下面画一条通栏红线。

每月结账时，对库存现金、银行存款日记账和其他需要按月结计发生额的明细账户，如各种成本、费用和收入明细账等，要在本月最后一笔经济业务记录下面画一条通栏红线，在红线下面的一行"摘要"栏内注明"本月合计"字样，并结出本月发生额和期末余额，然后在此行下面再画一条通栏红线。

对需要结出本年累计发生额的明细账户，如主营业务收入、在建工程明细账等，每月结账时，应在本月合计行下面结出自年初起至本月末的累计发生额，登记在本月发生额下面，在"摘要"栏内注明"本年累计"字样，并在下面画一条通栏红线。12月末的本年累计就是全年累计发生额，全年累计发生额下画通栏双红线。

2．年度结账

年终结账时，要将所有总账账户结出全年发生额和年末余额，在"摘要"栏内注明"本年累计"字样，并在本年累计数下画通栏双红线。

年度终了，应将有余额的账户结转下年，具体做法为：在年末账户余额的下一行"摘要"栏内注明"结转下年"字样，在下一会计年度新建有关会计账户的第一行"余额"栏内填写上年结转的余额，并在"摘要"栏注明"上年结转"字样。

（七）会计凭证的装订

各种会计凭证按顺序编号后，应及时传递至各岗位登账。登账完毕后，会计凭证应按照分类和编号顺序保管；在对账、结账直至会计报表编制完成后，应按照要求装订会计凭证。

（1）记账凭证装订之前，必须逐张逐页对所附原始凭证进行整理加工。

会计凭证的整理工作，主要是对凭证进行排序、粘贴和折叠。

对于纸张面积大于记账凭证的原始凭证，可按记账凭证的面积尺寸，先自右向左，再自下向上两次折叠。注意应把凭证的左上角或左侧面让出来，以便装订后仍可以展开查阅。

对于纸张面积过小的原始凭证，一般不能直接装订，可先按一定次序和类别排列，再粘在一张与记账凭证大小相同的白纸上，粘贴时以胶水为宜。小票应分张排列，同类同金额的单据尽量粘在一起，同时，在一旁注明张数和合计金额。

有的原始凭证不仅面积大，而且数量多，可以单独装订，如工资单、发料单等。但在记账凭证上应注明保管地点。

原始凭证附在记账凭证后的顺序应与记账凭证所记载的内容顺序一致，不应按原始凭证的面积大小来排序。

记账凭证装订之前，要考虑一个月的记账凭证的总数量，其基本原则是：每册的厚薄应基本保持一致，不能把几张应属一份记账凭证附件的原始凭证拆开装订在两册之中，要做到既美观大方又便于翻阅。

装订后的一本凭证，厚度一般以 1.5~2.0 厘米为宜。过薄，不利于戳立放置；过厚，不便于翻阅核查。凭证装订时，一般以月份为单位，每月订成一册或若干册。凭证少的单位，可以将若干个月份的凭证合并订成一册，在封皮注明本册所含的凭证月份。

（2）各种记账凭证连同所附的原始凭证或原始凭证汇总表整理加工装订成册后，应加具"会计凭证封面"，注明单位名称、年度、月份和起讫日期、凭证种类、起讫号码，并由装订人在装订封面上签名或盖章。

"会计凭证封面"的大小，要根据记账凭证的大小来确定，一般要大于记账凭证。

（3）装订会计凭证一般采用"顶齐左侧边法"，即将记账凭证和所附原始凭证顶齐于左上角后装订。

装订时以上边和左侧边为准，排齐、夹紧、在距左上角的顶端 2~4 厘米的范围内打两或三个孔，用毛衣针将扎绳从孔中引过，穿绕两孔或三孔若干次，并在凭证背面打结，将余绳剪掉。如表 1-22 和表 1-23 所示：

表1-22 记账凭证封面

单位名称 蓝天贸易有限公司

记 账 凭 证 封 面

第 1 册

20××年12月份   本月份共 3 册

记 账 凭 证	由 银收	字第	01	号起至第	04	号止
记 账 凭 证	由 现付 银付	字第	01	号起至第	05 09	号止
记 账 凭 证	由 转	字第	01	号起至第	08	号止
起 讫 日 期		本月自	01	日起至	10	日止
附 注	后附科目汇总表					

会计主管：张进财   复核：   装订：黄丽霞（083319）

表1-23 抽出凭证登记

抽 出 凭 证 登 记

抽出日期	抽出凭证详细名称及件数	抽出理由	抽取人盖章	会计主管 人员盖章	归还日期

（八）进出口业务的处理

结合本校的特点，编者在本教程中加入了部分进出口经济业务。对该部分业务的账务处理，可以单独设置"自营出口销售收入"、"自营出口销售成本"、"自营进口销售收入"、"自营进口销售成本"、"应收外汇账款"及"应付外汇账款"等外币性质的账户，但在编制会计报表时则应将其并入"主营业务收入"、"主营业务成本"、"应收账款"及"应付账款"等账户进行归集。

第二部分　模拟公司初始化系列资料及经济业务说明

一、初始化数据

1. 会计科目及期初余额（不设立外币账户，其中应收账款、应付账款科目按往来单位进行往来辅助核算）

表 2-1　蓝天贸易有限公司 12 月初账户余额表

科目代码	账户名称	借方金额（元）	贷方金额（元）
1001	库存现金	1640.00	
1002	银行存款	1123540.00	
1012	其他货币资金	40000.00	
101201	外埠存款	18000.00	
101202	银行汇票		
101203	银行本票		
101204	存出投资款	22000.00	
1101	交易性金融资产	100000.00	
110101	股票投资成本	40000.00	
110102	债券投资成本	60000.00	
1121	应收票据	556500.00	
112101	青山公司	30000.00	
112102	佳康公司	526500.00	
1122	应收账款	60000.00	
112201	广州食品厂	20000.00	
112202	佛山肉制品厂	40000.00	
1123	预付账款	300.00	
112301	报刊费	300.00	

（续上表）

科目代码	账户名称	借方金额（元）	贷方金额（元）
1124	其他应收款	33100.00	
112401	生活用水电费	32100.00	
112402	刘聪	1000.00	
1125	坏账准备		800.00
1401	商品采购（或在途物资）	166405.00	
1405	库存商品	264640.00	
1407	商品进销差价		23640.00
1408	委托代销商品		
1471	商品削价准备		4000.00
1472	加工商品		
1473	（分期收款）发出商品	24000.00	
1474	材料物资		
1475	包装物	16000.00	
1476	低值易耗品	36060.00	
1511	长期股权投资	240000.00	
151101	股票投资成本	140000.00	
151102	债券投资成本（公司债券）	100000.00	
1601	固定资产	4730800.00	
160101	厂房	3000000.00	
160102	办公楼	1100000.00	
160103	汽车	380000.00	
160104	包装设备	200000.00	
160105	电脑	16800.00	
160106	传真机	4000.00	
160107	复印机	30000.00	
1602	累计折旧		1374000.00
1604	在建工程	160000.00	
1701	无形资产	149000.00	

（续上表）

科目代码	账户名称	借方金额（元）	贷方金额（元）
1811	递延资产	32000.00	
1901	待处理财产损溢	2000.00	
2001	短期借款		1000000.00
2201	应付票据		50000.00
220101	中南公司		50000.00
2202	应付账款		50000.00
220201	永昌百货公司		20000.00
220202	市汽水厂		30000.00
2203	预收账款		34000.00
2204	代销商品款		
2211	应付职工薪酬		28337.00
221101	工资		20000.00
221102	福利费		6937.00
221103	职工教育经费		600.00
221104	工会经费		800.00
2241	其他应付款		1400.00
224101	存入保证金		1400.00
2221	应交税费		55025.00
222101	应交增值税		20000.00
22210102	销项税		20000.00
222102	应交所得税		33000.00
222103	应交营业税		500.00
222104	应交房产税		960.00
222105	应交关税		
222106	应交城建税		565.00
2232	应付利润（或应付股利）		
2233	应付利息		28600.00

（续上表）

科目代码	账户名称	借方金额（元）	贷方金额（元）
2501	长期借款		166500.00
2502	应付债券		84000.00
2701	长期应付款		
4001	实收资本		3200000.00
400101	国家资本金		2200000.00
400102	法人资本金（E公司）		1000000.00
4002	资本公积		1011445.00
4101	盈余公积		279786.00
410101	法定盈余公积		186524.00
410102	任意盈余公积		93262.00
4103	本年利润		325976.00
4104	利润分配		18476.00
410401	未分配利润		18476.00
合　计		7735985.00	7735985.00

2. 往来业务资料

（1）应收账款——广州食品厂：

2012 - 11 - 20　发货15000.00元给广州食品厂；

2013 - 02 - 02　收到广州食品厂货款5000.00元；

2014 - 09 - 07　发货10000.00元给广州食品厂。

（2）应收账款——佛山肉制品厂：

2012 - 12 - 08　发货30000.00元给佛山肉制品厂；

2013 - 04 - 25　收到佛山肉制品厂货款20000.00元；

2014 - 03 - 10　发货20000.00元给佛山肉制品厂；

2014 - 11 - 25　发货10000.00元给佛山肉制品厂。

（3）应付账款——永昌百货公司：

2014 - 06 - 18　收到永昌百货公司20000.00元货，款项未付。

（4）应付账款——市汽水厂：

2013 - 08 - 10　购入市汽水厂汽水一批，价款20000.00元，款项未付；

2014 - 04 - 20　收到市汽水厂10000.00元汽水，货款暂欠。

3. 固定资产数据

表 2 - 2　固定资产数据表

代码	名称	类别	使用部门	入账日期	增加方式	原值	使用年限	折旧费用科目	累计折旧
CF - 001	厂房	房屋及建筑物	销售部	1997 - 08 - 05	自建	1200000.00	50	经营费用	397440.00
CF - 002	厂房	房屋及建筑物	仓储部	2005 - 04 - 12	自建	1800000.00	60	经营费用	276000.00
BG - 001	办公楼	房屋及建筑物	行政事务部	1999 - 10 - 06	自建	600000.00	50	管理费用	173760.00
BG - 002	办公楼	房屋及建筑物	出租	1991 - 05 - 18	购入	500000.00	50	其他业务支出	225600.00
QC - 001	小汽车	交通运输工具	销售部	2005 - 07 - 15	购入	80000.00	10	经营费用	71680.00
QC - 002	货车	交通运输工具	物资供应部	2010 - 06 - 20	购入	300000.00	10	经营费用	127200.00
BZ - 001	包装设备	机器设备	物资供应部	2009 - 11 - 09	购入	200000.00	12	经营费用	80000.00
DN - 001	电脑	办公设备	设备部	2010 - 08 - 16	购入	10000.00	6	管理费用	6800.00
DN - 002	电脑	办公设备	财务部	2013 - 03 - 24	购入	6800.00	5	管理费用	2176.00
CZ - 001	传真机	办公设备	行政事务部	2011 - 05 - 08	购入	4000.00	10	管理费用	1344.00
FY - 001	复印机	办公设备	政工科	2010 - 09 - 22	购入	30000.00	10	管理费用	12000.00

　　注：净残值率均为4%，使用情况除办公楼（BG - 002）为经营性出租外，其他均为"在用"，折旧方法均采用平均年限法。

二、模拟公司经济业务资料

以下为2014年12月发生的经济业务，根据这些经济业务制作凭证。

（1）12月1日，从广州利民服装厂购入服装一批（准备出口），价款800000.00元，税款136000.00元。服装已验收入库，款项未付。（001A—001B）

（2）12月1日，收到公司商场交来销售A商品款5600.00元（含税），款项已存银行。（002—003）

（3）12月2日，编制公司工资结算汇总表。（004）

（4）12月3日，开出现金支票，提取现金13600.00元，备发退休金。（005）

（5）12月3日，发放退休金13600.00元。（006）

（6）12月4日，职工王红报销医药费，报销比例80%。（007—008）

（7）12月4日，转账支付职工李四花住院费1440.00元。（009—010）

（8）12月5日，发放职工工资，并结转代扣款项。（011）

（9）12月5日，开出现金支票，提取现金77355.00元，备发工资。（012）

（10）12月6日，开出现金支票，提取现金2000.00元备用。（013）

（11）12月6日，开出转账支票偿付广州利民服装厂的服装款。（014）

（12）12月7日，将闲置不用的一栋厂房（编号为CF-001）出售。该厂房原值1200000.00元，已提折旧399360.00元（含本月折旧额），收到售房收入1000000.00元（交易合同及产权证更名等略）。（015—016）

（13）12月7日，购入加工设备一套，价款300000.00元，增值税51000.00元，款项通过银行支付。（017—019）

（14）12月7日，接受美籍华人李爱国捐赠包装设备一套，价值36535.00美元，当天汇率1:8.25。该设备供出口一部使用，残值率为4%，折旧方法为平均年限法，使用期10年，折旧费用科目为销售费用——折旧费用。（020）

（15）12月8日，转账支付下年度的报刊费2834.00元。（021—022）

（16）12月8日，公司行政事务部领用办公桌、办公椅各10张。（023）

（17）12月8日，以银行存款支付融资租入包装设备的运输费、途中保险费和现场安装调试费共计43800.00元。款项通过银行支付。（024—025）

（18）12月8日，收回上年已作坏账处理的广州食品厂"应收账款"30000.00元。（026）

（19）12月8日，总经理办公室报销业务所用茶叶1公斤，以现金支付108.00元。（027）

（20）12月9日，销售部李华去北京联系业务，预借差旅费900.00元。（028）

（21）12月9日，缴纳上月营业税500.00元、企业所得税25000.00元、房产税960.00元。（029—031）

（22）12月10日，根据购销合同，收到华山公司预付的甲商品定金56000.00元。（032—033）

（23）12月11日，将款项50000.00元汇往天河证券营业部，设立证券资金户，以备购买股票。（034—035）

（24）12月12日，委托天河证券营业部购买"粤电力A（0539）"3000股，作为交易性金融资产，每股成交价15.40元，另支付佣金、印花税、附加费等351.50元。（036）

（25）12月12日，企业一辆汽车（编号为QC-001），因购买年代已久，现已无法修复。经批准，进行报废清理。原值80000.00元，已提折旧72320.00元（含本月折旧额）。清理过程中发生搬运费800.00元，开出支票支付，收到残料变价收入4000.00元。（037—039）

（26）12月12日，青山公司开给本单位的商业承兑汇票到期，开出委托收款凭证，办理托收手续。（040）

（27）12月13日，交纳上月增值税20000.00元。（041）

（28）12月13日，以现金购买印花税票300.00元。（042）

（29）12月14日，将佳康公司银行承兑汇票向银行申请贴现，年贴现率9%，款项已入账。（043）

（30）12月14日，偿还到期工行短期借款800000.00元。（044—045）

（31）12月14日，拟将一设备对外投资，转账支付汪华资产评估公司评估费800.00元。（046—047）

（32）12月14日，因资金周转需要，向工行申请借款500000.00元，借款已入账。（048—049）（借款合同略）

（33）12月14日，开出现金支票，提2000.00元现金备用。（050）

（34）12月14日，行政事务部购入一辆价值80000.00元的交通车，以便职工上下班，款项以存款支付。（051—053）

（35）12月14日，开给市汽水厂30000.00元的商业汇票一张，由银行承兑，以结清前欠汽水款。同时支付承兑手续费30元。（054—055）

（36）12月15日，公司出口服装一批，成本800000.00元，委托外运公司装船，货已运往码头，财会部收到发运通知和出库凭证，并支付装船前费用1200.00元。（056—057）

（37）12月17日，服装已装船出运，取得提单，向银行交单，发票列示 CIF 汉堡 USD 350000.00，出口佣金3%，当天汇价为1:8.3。（058—060）

（38）12月17日，收到外运公司转来的运费清单，内列金额 USD 8000.00，经审核无误，通过银行支付，当天汇价1:8.32。（061—062）

（39）12月17日，收到太平洋保险公司转来海外保险费清单，内列金额 USD 4000.00，通过银行支付，汇价1:8.32。（063—064）

（40）12月18日，收到银行结汇水单，收妥出口服装的外汇货款，当天汇价1:8.35。（065）

（41）12月19日，申报出口服装的增值税退税款，退税率为9%。（066—068）

（42）12月20日，委托天河证券营业部卖出"粤电力A（0539）"股票3000股，每股成交价16.80元，另付佣金、印花税、附加费等383.00元，实收50017.00元，已记入资金账户。（069）

（43）12月21日，收到出口服装的退税款。（070—072）

（44）公司从英国进口奶粉一批，国外进价总额为 FOB 伦敦 USD 15000.00，运抵我国口岸支付运费 USD 100.00，保险费 USD 100.00，进口关税为10%。12月22日收到银行转来全套国外单据，经审核无误后对外支付货款。当天汇价（卖出价）为1:8.3。（073—074）

（45）12月22日，奶粉销售给英氏服务公司，合同售价299174.85元人民币（含增值税）。开具增值税发票，税率为17%。（075—076）

（46）12月23日，支付国外运费和保险费，当天外汇价为1:8.32（卖出价）。

(077—080)

(47) 12 月 24 日，货到我国口岸，报关支付进口关税。当天外汇牌价中间价1：8.40。(081—082)

(48) 12 月 24 日，货到后计算、缴纳增值税。(083)

(49) 12 月 26 日，商品入库，结转进口成本。(084)

(50) 12 月 26 日，计提本月固定资产折旧10913.80 元。(085)

(51) 12 月 26 日，按工资总额 14%的比例，计提本月职工福利费。(086)

(52) 12 月 26 日，按工资总额 1.5%的比例计提职工教育经费。(087)

(53) 12 月 26 日，按工资总额 2%的比例，拨付工会经费。(088—089)

(54) 12 月 26 日，收到 4 季度存款利息 6879.50 元。(090)

(55) 12 月 26 日，支付 4 季度临时借款利息 21600.00 元，10 月、11 月份的利息费用已预提。(091)

(56) 12 月 27 日，华明纸箱厂送来第一批完工纸箱 30 只，收到普通发票一张，每只纸箱含税加工费 18 元，纸箱已验收入库，加工费未付。(092—093)

(57) 12 月 27 日，销售部李华从北京归来，报销差旅费 960.00 元，补付现金 60.00 元（差旅费单据略）。(094)

(58) 12 月 27 日，转账支付南方日报广告有限公司广告费 38000.00 元。(095—096)

(59) 12 月 27 日，职工李文华报销住院费，报销比例 90%。(097—098)

(60) 12 月 28 日，元旦将至，公司领导慰问困难户，发放困难补助费 1800.00 元。(099)

(61) 12 月 28 日，以现金支付财务处购买专业书籍款 88.00 元。(100)

(62) 12 月 28 日，中南有限责任公司转来本月房租 7000.00 元。(101—102)

(63) 12 月 29 日，转账支付医务室购药款 5400.00 元。(103—104)

(64) 12 月 30 日，收到市供电局委托收款单，托收本月电费 20340.00 元。(105)

(65) 12 月 31 日，预提本月公司债券利息，债券票面利率 7.2%。(106)

(66) 12 月 31 日，根据年末应收账款余额的 5‰调整坏账准备余额。(107)

(67) 12 月 31 日，摊销本月应分摊的报刊费 300.00 元。(108)

(68) 12 月 31 日，电信局收取本月电话费 3400.00 元。(109—110)

(69) 12 月 31 日，盘点现金，发现短款 200.00 元。经查系出纳员梅小利工作不细心所致，经领导批示，应由梅小利赔偿，短款尚未交回。(111)

(70) 12 月 31 日，上缴本月应交增值税。(112)

(71) 12 月 31 日，将损益类各账户余额结转至"本年利润"账户。

(72) 12 月 31 日，计算并结转本月应交所得税（税率为 25%）。

(73) 12 月 31 日，将"本年利润"账户余额结转至"利润分配——未分配利润"账户。

(74) 12 月 31 日，按 10%的比例计提本年法定盈余公积金；分别按 5%的比例计提本年公益金和任意盈余公积金。(113)

(75) 12 月 31 日，按可供分配利润的 60%向投资者分配利润，暂不支付。(114)

(76) 12 月 31 日，将"利润分配"各明细账户余额转入"利润分配——未分配利润"账户。

第三部分　模拟公司经济业务资料原始凭证

（蓝天贸易有限公司 12 月份经济业务的原始凭证）

001A

商品入库单

入库时间：2014 年 12 月 1 日

序号	品名	规格	单位	数量	单价	金额
1	男式西装		套	4000	200	800000.00
2						
3						
入库形式：估价（　）　正式（√）				合　　　　计		¥800000.00

保管员：×××　　　　　　　　　　　　　　　　采购员：×××

001B

广东增值税专用发票
发　票　联

×××××× 　　　　　　　　　　　　　　　No. ××××××

开票日期：2014 年 12 月 1 日

购货单位	名　　　　称：蓝天贸易有限公司	密码区	70359 < * 8263 + 8 * 5828　　加密版本：01 394 < < 79483 * 7386487　3400044792 92 + + 879 - 4792 - 54 < < 6　02168932 849 < > * 6743
	纳税人识别号：440106845689778		
	地址及电话：广州市东风路 8888 号　020—22338888		
	开户行及账号：广州市工商银行东区办事处 0200338856789		

货物或应税劳务名称	规格型号	单位	数量	单价	金额	税率	税额
男式西装		套	4000	200	800000.00	17%	136000.00
合　　　　计					¥800000.00		¥136000.00
价税合计（大写）	玖拾叁万陆仟元整				（小写）　¥936000.00		

销货单位	名　　　　称：广州利民服装厂	备注	
	纳税人识别号：440102358600545		
	地址及电话：广州市中山中路 505 号　020—87034088		
	开户行及账号：工商银行东风支行 65432123		

收款人：××× 　　　复核：××× 　　　开票人：刘大汉 　　　销货单位：（章）

第一联发票联　购货方记账凭证

37

002

中国工商银行现金送款单（回单）

2014 年 12 月 1 日填送

存款人	全称	蓝天贸易有限公司												
	账号	0200338856789					款项来源					零售	
	开户行	广州市工商银行东区办事处					交款人						

金额（大写）伍仟陆佰元整								金额（小写）5600.00				

票面	张数	十万	千	百	十	元	票面	千	百	十	元	备注
壹佰元	50						伍 角					
伍拾元							贰 角					中国工商银行
贰拾元	20						壹 角					2014.12.01
拾 元	10						伍 分					现 金
伍 元	20						贰 分					收 讫
贰 元							壹 分					
壹 元							其 他					

003

收款收据

2014 年 12 月 1 日

今收到 _____公司门市部_____ 交来 _销售 A 商品款_

金额（大写） 零佰零拾零万伍仟陆佰零拾零元零角零分

收款单位（公章） ￥ 5600.00

核准：郝有前   会计：张进财   记账：   出纳：梅小利

004

工资结算汇总表

2014 年 12 月

部门	人数	应付工资	代 扣 款 项			实发工资
			水电费	房 租	养老保险金	
业务人员	19	39830.00	1302.00	1058.00	1286.00	36184.00
行政人员	13	34530.00	1457.00	806.00	938.00	31329.00
医务福利人员	3	6980.00	400.00	230.00	238.00	6112.00
长期病假人员	4	4550.00	301.00	205.00	314.00	3730.00
合 计	39	85890.00	3460.00	2299.00	2776.00	￥77355.00

005

```
中国工商银行支票存根（粤）
        66631201

附加信息 _____
_____

出票日期  2014 年 12 月 3 日
收 款 人：蓝天贸易有限公司
金   额：13600.00 元
用   途：发退休金

单位主管  郝有前
会   计  张进财
```

006

退休金发放汇总表

2014 年 12 月 3 日

项目	人数	退休费	退休补助	物价补贴	应发金额	代扣款项		实发金额
						水电费	房租	
退休人员	14	10320.00	1020.00	2260.00	13600.00			13600.00
合 计	14	10320.00	1020.00	2260.00	13600.00			￥13600.00

主管：郝有前　　　　政工科负责人：刘 尚　　　　制表：孙 月

007

医药费报销单

填表日期：　2014 年 12 月 4 日

职工姓名	王　红		所属部门						
家属姓名			性　别	女	年龄	40	与职工关系		
医药费用明细									
就诊地点	就诊时间	治疗费用	检查费用	西药费	中药费	其他费用	票据张数	应报金额	实报金额
	20141126		60.00	430.00			2	392.00	392.00
				现金付讫					
合　计								￥392.00	￥392.00
实报金额人民币（大写）叁佰玖拾贰元整									

申报人	签名：王　红 日期	医务复核	签名：刘　金 日期	财务复核	签名：张进财 日期

报销人：王　红　　　　　　　　部门批报：陈　华

008

××医科大学附属医院

门诊医药费收据

2014 年 11 月 26 日

姓名：王　红

项　目	金　额
西药费	430.00
中成药	
中草药	
注射费	
检查费	60.00
其　他	
合　计	￥490.00
（大写）	肆佰玖拾元整

收款人：

009

请 款 凭 证

2014 年 12 月 4 日

用　途	李四花住院费	付款方式	转账		
金额（大写）	壹仟肆佰肆拾元整				
收款单位	××人民医院	账号	2238899	开户行或地址	中行东川办
领导审批	莫立欣	财务负责人	郝有前	请款人	孙 月

010

中国工商银行支票存根 （粤）

66631202

附加信息
_____

_____

出票日期　2014 年 12 月 4 日

收 款 人：××人民医院
金　　额：1440.00 元
用　　途：付李四花住院费

单位主管　郝有前
会　　计　张进财

011

工资发放表

2014 年 12 月 5 日

姓名	基本工资	加班工资	岗位津贴	奖金	应付工资	扣水电	扣房租	扣养老金	实发工资	领款签字
莫立欣	1650.00	200.00	200.00	820.00	2870.00	130.00	60.00	80.00	2600.00	莫立欣
刘 尚	1600.00	150.00	150.00	750.00	2650.00	160.00	85.00	70.00	2335.00	刘 尚
李 华	800.00	200.00	120.00	600.00	1720.00	70.00	55.00	62.00	1533.00	李 华
（略）	…	…	…	…	…	…	…	…	…	…
合计	48550.00	5580.00	5090.00	26670.00	85890.00	3460.00	2299.00	2776.00	77355.00	

实发工资（大写）柒万柒仟叁佰伍拾伍元整

主管：郝有前　　　　　　会计：张进财　　　　　　出纳：梅小利

012

中国工商银行支票存根（粤）
66631203

附加信息
_____
_____

出票日期　2014 年 12 月 5 日

| 收　款　人：蓝天贸易有限公司 |
| 金　　　额：77355.00 元 |
| 用　　　途：发工资 |

单位主管　郝有前
会　　计　张进财

013

中国工商银行支票存根（粤）
66631204

附加信息
_____
_____

出票日期　2014 年 12 月 6 日

| 收　款　人：蓝天贸易有限公司 |
| 金　　　额：2000.00 元 |
| 用　　　途：提备用金 |

单位主管　郝有前
会　　计　张进财

014

```
中国工商银行支票存根（粤）
        66631205

附加信息 _____
_____
_____

出票日期   2014 年 12 月 6 日

收 款 人：广州利民服装厂

金     额：936000.00 元

用     途：付购货款

单位主管   郝有前
会     计   张进财
```

015

中国工商银行进账单（回单或收账通知）

2014 年 12 月 7 日

付款人	全称	光华公司			收款人	全称	蓝天贸易有限公司								
	账号	341265586466				账号	020038856789								
	开户银行	工行南区办				开户银行	工行南区办 2014.12.07								
人民币（大写）：壹佰万元整					百	十	万	千	百	十	元	角	分		
					1	0	0	0	0	0	0	0	0		
票据种类	转支	票据张数	1		收款人开户行盖章										
票据号码															
复核 记账															

016

销售不动产统一发票（代开）

发票代码：232001290211
发票号码：00191374

开票日期：2014 – 12 – 07

机打代码 机打号码 机器号码	232001260211 00191374	税控码					
付款方名称	光华公司	身份证号/组织机构 代码/纳税人识别号					
收款方名称	蓝天贸易有限公司	身份证号/组织机构 代码/纳税人识别号					
不动产项目 名称	不动产项目 编号	销售的不动 产楼牌号	建筑面积（ m²） 套内面积（ m²） （单位：m²）	单价 （单位： 元/m³）	金额 （元）	款 1 预售定金 项 2 预收购房款 性 3 售房款 质 4 其他（请注明）	
房屋					1000000.00	售房款	
合计金额（元）（大写）壹佰万元整						￥1000000.00	
税率、税额	0	完税凭证号码		主管税务 机关及代码			
备注：							

开票人：　　　　　　　开票单位签章：　　　　　　收款方签章：

017

广东增值税专用发票

×××××× 发 广票 联 No.××××××

开票日期：2014 年 12 月 7 日

购货单位	名　　　称：蓝天贸易有限公司					密码区	70359 < * 8263 + 8 * 5828　　加密版本:01 394 < < 79483 * 7386487　3400044792 92 + + 879 - 4792 - 54 < < 6　02168932 849 < > * 6743
	纳税人识别号：440106845689778						
	地址及电话：广州市东风路 8888 号　020—22338888						
	开户行及账号：广州市工商银行东区办事处 0200338856789						
货物或应税劳务名称	规格型号	单位	数量	单价	金额	税率	税额
生产线		套	1	300000	300000.00	17%	51000.00
合　　　计					￥300000.00		￥51000.00
价税合计（大写）		叁拾伍万壹仟元整			（小写）　￥351000.00		
销货单位	名　　　称：东海设备厂					备注	东海设务人 440102358600546 发票专用章
	纳税人识别号：440102358600546						
	地址及电话：广州市中山中路 506 号　020—87034068						
	开户行及账号：A 市工行南区办 658744456455						

收款人：×××　　　复核：×××　　　开票人：刘 五　　　销货单位：（章）

018

固定资产验收单

2014 年 12 月 7 日

资产名称	型号规格	计量单位	数量	资产原值	资产净值	购买价格	备注
生产线		套	1			351000.00	新购

采购部门	物资供应部	负责人	李 华	验收部门	设备部	负责人	李士纶
		审核人	黄 明			审核人	刘 华
		经办人	杨 天			经办人	古伟华

019

中国工商银行支票存根（粤）
66631206

附加信息 _____
_____

出票日期　2014 年 12 月 7 日

| 收　款　人：东海设备厂 |
| 金　　　额：351000.00 元 |
| 用　　　途：付购货款 |

单位主管　郝有前
会　　计　张进财

020

固定资产验收单

2014 年 12 月 7 日　　　　　　　　　　　单位：元

资产名称	规格型号	单位	数量	资产原值	资产净值	购买价格	备注
冷处理设备		台	1	301413.75			接受捐赠
采购部门		负责人		验收部门	设备部	负责人	刘　方
		审核人				审核人	赵　飞
		经办人				经办人	李　四

021

广东省国家税务局通用机打发票
发票联

发票代码：144001401134

开票日期：2014 年 12 月 08 日　　　行业分类：邮政普通服务　　　发票号码：01131744

付款方名称：蓝天贸易有限公司					
付款方识别号：					
序号	项目说明	数量	单价	金额	备注
1	订《新民晚报》费用	20	141.7	2834.00	
合计金额大写（人民币）：⊗贰仟捌佰叁拾肆元整				合计金额小写：￥2834.00	
附注：					
开票人：彭 利　　　　收款人：孔 军			开票单位（盖章）：广州市邮政局		

第二联 发票联（购货单位付款凭证）（手写无效）

广州市邮政局
4401060074823
发票专用章

（本发票开具合计金额超过万元无效）

022

中国工商银行支票存根（粤）
66631207

附加信息
_____

_____

出票日期　2014 年 12 月 8 日

收 款 人：市邮政局
金　　额：2834.00 元
用　　途：付订报纸费
单位主管　郝有前
会　　计　张进财

023

低值易耗品领用单

领用部门：行政事务部　　　　　　　　　　　　　　　　领用时间：2014 年 12 月 8 日

用途：办公桌椅更新							
材料编号	材料名称	规格型号	单位	请领数	实发数	单价	金额
	办公桌		张	10	10	200	￥2000.00
	办公椅		张	10	10	80	￥800.00

供应负责人：赵 华　　　　领料单位负责人：麦 华　　　　保管员：李 八　　　　领料人：晓 华

024

建筑业统一发票（自开）

发票联　　　　　　　　　　　　　　　发票代码：000000000000

开票日期：2014 年 12 月 8 日　　　　　　　　　　　　　　发票号码：00000000

机打代码 机打号码 机器号码		税控码			
付款方名称	蓝天贸易有限公司	身份证号/组织机构代码/纳税人识别号		是否为总包人	
收款方名称	利华安装公司	身份证号/组织机构代码/纳税人识别号		是否为分包人	
工程项目名称	工程项目编号	结算项目	金额（元）	完税凭证号码（代扣代缴税款）	
包装设备安装调试费等			43800.00		
合计金额（元）￥43800.00（大写）肆万叁仟捌佰元整					
备注：含运输费、途中保险费及现场安装调试费			主管税务机关及代码		

收款单位：利华安装公司财务专用　　　　收款人：林 唯　　　　开票人：罗石龙

025

中国工商银行支票存根（粤）
66631208

附加信息
_____

出票日期 2014 年 12 月 8 日

| 收 款 人：利华安装公司 |
| 金 额：43800.00 元 |
| 用 途：付安装费等 |

单位主管 郝有前
会 计 张进财

026

中国工商银行信汇凭证（收账通知或取款收据）

委托日期：2014 年 12 月 8 日

付款人	全称	广州食品厂破产清算组			收款人	全称	蓝天贸易有限公司								
	账号	234788655556				账号	0200338856789								
	汇出地点	A 市	汇出行名称	工行沙办		汇入地点	广州市	汇入行名称	工行东区办						
人民币（大写）：叁万元整						百	十	万	千	百	十	元	角	分	
						¥ 3	0	0	0	0	0	0	0		
汇款用途：破产清偿债务					汇出行盖章										
单位主管： 会计： 复核： 记账：															

中国工商银行
2014.12.08
转账
转讫

027

广东省广州市国家税务局通用机打发票

发票联

发票代码：144011320128

开票日期：2014 - 12 - 08   行业分类：商业

发票号码：00704549

顾客名称：蓝天贸易有限公司

地　址：广州市东风路 8888 号

项目	单位	数量	单价	金额
茶叶	公斤	1	108	108.00

合计金额大写（人民币）：⊗壹佰零捌元整　　　　　合计金额小写：￥108.00

备注：019 * 0203　26/1　019 * 0204　26/1　019 * 0205　26/1

开票人：张　三　　　收款人：李　斯　　　开票单位（盖章）：

（本发票开具合计金额超过佰万元无效）

第二联 发票联（购货单位付款凭证）（手写无效）

028

借　款　单

2014 年 12 月 9 日

借款性质：现金

借款人	李　华		
借款理由	去北京联系业务		
借款数额	人民币（大写）玖佰元整		￥900.00
领　导 批　示	同意借款 900.00 元　　　莫立欣	借款人签字	李　华

会计：张进财　　　　　　　出纳：梅小利

029

中华人民共和国
税收缴款书

隶属关系：

经济类型：国有经济　　　　填发日期：2014 年 12 月 9 日

（98）粤地缴电 092233 号

征税机关：地税二分局

缴款单位	代码	3456789123	预算科目	款	营业税
	全称	蓝天贸易有限公司		项	010101 国有企业营业税
	开户行	广州市工行东区办		级次	市级
	账号	0200338856789	收缴国库		西区金库

税款所属时期：2014 年 11 月　　　　税款限缴日期：2014 年 12 月 15 日

品目名称	课税数量	计税金额或销售收入	税率或单位税额	已缴或扣除额	实缴金额
服务业租赁		10000.00	5%		500.00
金额合计（大写）	伍佰元整				￥500.00

| 缴款单位（盖章）经办人（章） | 税务机关（盖章）填票人（章） | 上列款项已收妥并划转收款单位账户 中国工商银行 2014.12.09 转账 国库（银行）盖章 年 月 日 逾期不缴按税法规定加收滞纳金 | 备注 |

030

中 华 人 民 共 和 国
税 收 缴 款 书

隶属关系：

经济类型：国有经济　　　　填发日期：2014 年 12 月 9 日

（98）粤地缴电 092233 号

征税机关：地税二分局

缴款单位	代码	3456789123	预算科目	款	内资所得税
	全称	蓝天贸易有限公司		项	010103 国有企业所得税
	开户行	广州市工行东区办		级次	市级
	账号	0200338856789	收缴国库		西区金库

税款所属时期：2014 年 11 月　　　　税款限缴日期：2014 年 12 月 15 日

品目名称	课税数量	计税金额或销售收入	税率或单位税额	已缴或扣除额	实缴金额
所得税		100000.00	25%		25000.00

金额合计（大写）	贰万伍仟元整	￥25000.00

缴款单位（盖章）经办人（章）	税务机关（盖章）填票人（章）	上列款项已收妥并划转收款单位账户 国库（银行）盖章	备注

中国工商银行
2014.12.09
转账

逾期不缴按税法规定加收滞纳金

031

中 华 人 民 共 和 国
税 收 缴 款 书

隶属关系：

经济类型：国有经济　　　　填发日期：2014 年 12 月 9 日

（98）粤地缴电 092233 号

征税机关：地税二分局

缴款单位	代码	3456789123	预算科目	款	房产税
	全称	蓝天贸易有限公司		项	010105 国有企业房产税
	开户行	广州市工行东区办		级次	市级
	账号	0200338856789	收缴国库		西区金库

税款所属时期：2014 年 11 月　　　　　　税款限缴日期：2014 年 12 月 15 日

品目名称	课税数量	计税金额或销售收入	税率或单位税额	已缴或扣除额	实缴金额
房租收入		8000.00	12%		960.00
金额合计（大写）	玖佰陆拾元整				￥960.00

缴款单位（盖章）经办人（章）	税务机关（盖章）填票人（章）	上列款项已收妥并划转收款单位账户 中国工商银行 2014.12.09 转账 国库（银行）盖章　　年 月 日	备注

逾期不缴按税法规定加收滞纳金

032

收款收据

2014 年 12 月 10 日

今收到　　华山公司　　　　　　　　　交来　甲商品定金

金额（大写）零佰零拾伍万陆仟零佰零拾零元零角零分　　￥ 56000.00

收款单位（公章）

核准：莫立欣　　　　会计：　　　　记账：　　　　出纳：梅小利

033

中国工商银行信汇凭证（收账通知或取款收据）

委托日期：2014 年 12 月 10 日

付款人	全称	华山公司			收款人	全称	蓝天贸易有限公司						
	账号	2347886				账号	0200338856789						
	汇出地点	A 市	汇出行名称	工行沙办		汇入地点	广州市	汇入行名称	工行东区办				
人民币（大写）：伍万陆仟元整						百	十 万 千 百	十	元	角	分		
						¥	5 6 0	0	0	0	0		
汇款用途：购货定金					汇出行盖章								
单位主管： 会计： 复核： 记账：													

034

天河证券营业部
委托买卖证券（资金专户）存款凭证

2014 年 12 月 11 日

转账存入

资金账号：55336688	客户户名：蓝天贸易有限公司
上次余额：0.00	本次余额：50000.00
本次存款：伍万元整　　50000.00	
摘　要：转支	

委托人填写	户名：蓝天贸易有限公司 账号：0200338856789 存入人民币（大写）：伍万元整	委托人印鉴	身份证号码：

出纳：　　　　　复核：

035

中国工商银行支票存根（粤）
66631209

附加信息

出票日期 2014 年 12 月 11 日

| 收 款 人：天河证券营业部 |
| 金 额：50000.00 元 |
| 用 途：转股票户 |

单位主管 郝有前
会 计 张进财

036

天河证券公司
深圳成交过户交割凭单（买）

资金账号：55336688	日 资 余 额：50000.00
股东编号：00987668	证券名称：粤电力 A （0539）
股东户名：蓝天贸易有限公司	成交价格：15.40
公司代号：232000	成交金额：46200.00
申请编号：001203	标准佣金：207.9
申报时间：10：23：00	过户费用：
成交时间：10：50：00	印花税：138.60
成交编号：00340028	附加费：5.00
成交数量：3000 （股）	应付金额：46551.50
证券余额：3000 （股）	本次余额：3448.50

经办单位：天河证券营业部　　　　　　　　客户签章：蓝天贸易有限公司

037

固定资产报废单

2014 年 12 月 12 日　　　　　　　　　　　　　　　　　　　　　　　金额单位：元

固定资产 名称及编号	规格 型号	单 位	数 量	预计使 用年限	已使用 年限	原始 价值	已提 折旧	备注
汽车	桑塔纳	辆	1	10	9	80000.00	72320.00	残值 4000.00
固定资产状况 及报废原因	发动机损坏，无法修复							
处理意见	使用部门		技术鉴定小组		固定资产管理部门		主管部门审批	
	无法维修		情况属实		同意转入清理		同意报废	

038A

收款收据

2014 年 12 月 12 日

今收到　　　广华物品回收公司　　　　　　　　　　　　交来　　收购报废汽车余料费

金额（大写）零佰零拾零万肆仟零佰零拾零元零角零分

收款单位（公章）　　　　　　　　　　　　　　　　¥ 4000.00

核准：莫立欣　　　会计：　　　记账：　　　出纳：梅小利

038B

中国工商银行 支票存根 IV V286002	本支票付款期限十天	中国工商银行 支票　　IV V286002

中国工商银行
支票存根
IV V286002

附加信息 _____

_____

_____

出票日期　2014 年 12 月 12 日

收　款　人：蓝天贸易有限公司
金　　额：4000.00
用　　途：收购报废汽车

单位主管

会　　计

本支票付款期限十天

中国工商银行 支票　　IV V286002

出票日期(大写)贰零壹肆年壹拾贰月壹拾贰日　付款行名称：××××

收款人：蓝天贸易有限公司　　　　　　　出票人账号：××××

人民币 （大写）	肆仟元整	千	百	十	万	千	百	十	元	角	分
					¥	4	0	0	0	0	0

用途 收购报废汽车

上列款项请从

我账户支付

出票人签章　　　　　　　　复核　　　记账

039

中国工商银行支票存根（粤）
66631210

附加信息 _____

_____

出票日期　2014 年 12 月 12 日

收　款　人：广州大众搬运公司
金　　额：800.00 元
用　　途：付搬运费

单位主管　郝有前

会　　计　张进财

77

040

委托收款凭证（回单）

委托日期：2014 年 12 月 12 日

付款人	全称	蓝天贸易有限公司	收款人	全称	青山公司
	账号	0200338856789		账号	32006785556
	开户银行	广州市工行东区办		开户银行	B市工行水东办

委托金额	人民币（大写）：叁万元整		百	十	万	千	百	十	元	角	分
		¥		3	0	0	0	0	0	0	0

款项内容	货款	委托收款凭据名称	商业汇票	附寄单据张数	中国工商银行 2014.12.12 转账 转讫
备注		款项收妥日期			
			年 月 日	收款人开户行盖章	年 月 日

单位主管：　　　　会计：　　　　复核：　　　　记账：

041

中华人民共和国
税收缴款书

隶属关系：

经济类型：国有经济　　　　填发日期：2014 年 12 月 13 日　　　　(98) 粤国缴电 090033 号　　征税机关：国税一分局

缴款单位	代码	3456789123	预算科目	款	国内增值税
	全称	蓝天贸易有限公司		项	010101 国有企业增值税
	开户行	广州市工行东区办		级次	中央75%，地方25%
	账号	0200338856789	收缴国库		中央金库，西区金库

税款所属时期：2014 年 11 月　　　　税款限缴日期：2014 年 12 月 13 日

品目名称	课税数量	计税金额或销售收入	税率或单位税额	已缴或扣除额	实缴金额
销售B商品		1260000.00	17%	194200.00	20000.00
金额合计（大写）　×贰万元整×					¥20000.00

缴款单位（盖章） 经办人（章）	税务机关（盖章） 填票人（章）	上列款项已收妥并划转收款单位账户 中国工商银行 2014.12.13 转账 转讫 国库（银行）盖章 年 月 日	备注

逾期不缴按税法规定加收滞纳金

042

中华人民共和国
税收缴款书（税务收现专用）

（141）粤地现 10575798

登记注册类型：　　　　　填发日期：2014 年 12 月 13 日　　　　税务机关：

纳税人识别号				纳税人名称		蓝天贸易有限公司		
地　址		广州市东风路 8888 号						
税　种	品目名称	课税数量	计税金额或销售收入	税率或单位税额	税款所属时期	已缴或扣除额	实缴金额	
印花税							￥300.00	
金额合计	（大写）		叁佰元整					
税务机关（盖章）		代售机关（盖章）		填 票 人		备注：现金收讫		

第一联（收据）交纳税人作完税凭证

043

贴现凭证（收账通知）

填写日期：2014 年 12 月 14 日

申请人	名称	蓝天贸易有限公司							贴现汇票	票种		无息银行承兑汇票		号码		20322		
	账号	0200338856789								开票日		2014 年 12 月 4 日						
	开户行	广州市工行东区办								到期日		2015 年 3 月 4 日						
汇票承兑人（或银行）	名称	A 市工行外靖办							账号	108002		开户行		A 市工行东区办				

汇票金额	人民币（大写）伍拾贰万陆仟伍佰元整	百	十	万	千	百	十	元	角	分
			5	2	6	5	0	0	0	0

贴现率 每　月	贴现利息	万	千	百	十	元	角	分	实付贴现金额	十	万	千	百	十	元	角	分
		1	0	5	3	0	0	0		5	1	5	9	7	0	0	0

上述款项已转入您单位账户

此致

转账转讫 2014.12.14

银行盖章
年 月 日

备注

044

中国工商银行进账单（回单或收账通知）

2014 年 12 月 14 日

付款人	全称	蓝天贸易有限公司		收款人	全称	广州市工行东区办
	账号	0200338856789			账号	99833655556
	开户银行	广州市工行东区办			开户银行	广州市工行东区办

人民币（大写）：捌拾万元整	百	十	万	千	百	十	元	角	分
		8	0	0	0	0	0	0	0

票据种类	转支	票据张数	1
票据号码			
复核		记账	

收款人开户行盖章

（中国工商银行 2014.12.14 转账 转讫）

045

中国工商银行支票存根（粤）
66631211

附加信息
_____
_____

出票日期 2014 年 12 月 14 日

收 款 人：	广州市工行东区办
金 额：	800000.00 元
用 途：	还贷款

单位主管 郝有前
会   计 张进财

046

广东省广州市服务业发票
发票联

付款单位：蓝天贸易有限公司　　　　　　　　　　　　开票日期：2014 年 12 月 14 日

项目	单位	数量	单价	金额								备注
				十	万	千	百	十	元	角	分	
固定资产评估费							8	0	0	0	0	
合计人民币 （大写）	捌佰元整						￥ 8	0	0	0	0	
收款单位	汪华资产评估公司		开户银行	A 市工行南区赤 评估公司								
联系电话	×××—22334455		账　号	65879445645								

开票人：　　　　　　　收款人：　　　　　　　开票单位（盖章有效）：

047

中国工商银行支票存根（粤）
66631212

附加信息
_____

出票日期　2014 年 12 月 14 日

收 款 人：汪华资产评估公司
金　　额：800.00 元
用　　途：付资产评估费

单位主管　郝有前
会　　计　张进财

048

流动资金借款申请书

2014 年 12 月 7 日 单位：万元

借款单位	全称	蓝天贸易有限公司		借款方式	种类	短期
	账号	0200338856789			金额	50
	实收资本	1000			方式	抵押
申请日止	工行借款	90		工行存款		30
	他行借款	0		他行存款		0
	比重	100%		比重		100%

借款理由：经营资金短缺

		品名	申请日库存		本次购进		平均月耗（销）		销货单位及结算方式
			数量	金额	数量	金额	数量	金额	
借款直接用途	1. 支付货款	B			50 吨	10			H 公司 电汇
		A			20 吨	10			J 公司 委收
		辅材				10			
	2. 承兑应付票据								
	3. 预付货款								
	4. 上缴税金			10					
	5. 购置固定资产			10					

还款措施：回笼销货款

企业公章：蓝天贸易有限公司　　　法定代表人：莫立欣　　　会计主管：郝有前

2014 年 12 月 7 日

049

借款凭证第四联（收账通知）

实贷日期（银行填写）　　2014 年 12 月 14 日

借款单位	名称	蓝天贸易有限公司			约定偿还日期	2015 年 6 月 14 日
	存款账号	0200338856789	贷款账号	12341689	展期偿还日期	年 月 日
贷款种类		短期	月利率	7‰	贷款期限	6 个月
申请借款金额		伍拾万元整		核准借款金额	伍拾万元整	
借款直接用途		1		2		
		3		4		

上列借款已批准发放，转入单位结算账户

中国工商银行
此致
2014.12.14
中国工商银行
转账
转讫
（银行盖章）

银行分录：

（借）：

对方科目（贷）：

050

中国工商银行支票存根（粤）
66631213

附加信息
_____

出票日期　2014 年 12 月 14 日

收 款 人：蓝天贸易有限公司
金　　额：2000.00 元
用　　途：提备用金

单位主管　郝有前
会　　计　张进财

051

中国工商银行支票存根（粤）
66631214

附加信息 _____

_____

出票日期 2014 年 12 月 14 日

收 款 人：	陆风汽车制造有限公司
金 额：	80000.00 元
用 途：	购车

单位主管 郝有前
会 计 张进财

052

机动车销售统一发票（自开）

发票联

发票代码：144001224160

开票日期：2014 – 12 – 14

发票号码：01190399

机打代码 机打号码 机器编号		税控码				
购货单位（人）	蓝天贸易有限公司	身份证号/组织机构				
车辆类型	客车 30CS	厂牌型号		产 地	中国长春	
合格证号		进口证明书号		商检单号		
发动机号码		车辆识别代号/车架号码				
价税合计	玖万叁仟陆佰元整			小写	93600.00	
销货单位名称	陆风汽车制造有限公司	电话	×××－33665489			
纳税人识别号		账号	234567			
地 址		开户银行				
增值税税率 或征收率	17%	增值税 税额	￥13600.00	主管税务 机关及代码		
不含税价	￥80000.00	吨位		限乘人数		

请补内容

第一联 发票联（购货单位付款凭证）（手写无效）

销售单位盖章   开票人：   备注：一车一票

053

固定资产验收单

2014 年 12 月 14 日

资产名称	型号规格	计量单位	数量	资产原值	资产净值	购买价格	备注
客车	30CS	辆	1			¥80000.00	新购
采购 部门	物资 供应部	负责人	李 华	验收 部门	设备部	负责人	李士纶
		审核人	黄 明			审核人	刘 华
		经办人	杨 天			经办人	古伟华

054

银行承兑汇票（存根）

出票日期（大写）贰零壹肆年壹拾贰月壹拾肆日 第 号

付款人	全称	蓝天贸易有限公司				收款人	全称	市汽水厂													
	账号	0200338856789					账号	986535555564												
	开户行	工行东区办	行号	403			开户行	工行北办	行号	603										
汇票金额	人民币 （大写）叁万元整							百	十	万	千	百	十	元	角	分				
										¥	3	0	0	0	0	0	0			
汇款到期日	贰零壹伍年壹月壹拾贰日						行号													
承兑协议编码							地址													
签票人签章				承兑银行签章				复核		记账										
				备注																

中国工商银行 2014.12.14 转账 转 付款 讫

055

中国工商银行结算业务缴费凭证（第一联）

2014 年 12 月 14 日

缴费单位	户名	蓝天贸易有限公司						收费单位	户名	工行东区办												
	账号	0200338856789							账户	邮电账户						账户	手续费账户					
	金额	百	十	元	角	分			金额	百	十	元	角	分		金额	百	十	元	角	分	
		¥	3	0	0	0											¥	3	0	0	0	

缴费金额	人民币（大写）：叁拾元整

委托办理：银行汇票　　份，银行承兑汇票 1 份，邮划托收　　份，
电汇　　份，邮委　　份，电委　　份，同城委收　　份，应缴邮电费
手续费已在上列账户支付。

中国工商银行
2014.12.14
转账
（银行盖章）　　月　日

056

出　库　单

2014 年 12 月 15 日

物资类别	服装							
提货单位或领货部门	业务一部	发票号码	200338	发出仓库	天河仓	出库日期	12 月 15 日	
编号	名称及规格	单位	数量		单价（元）	金额（元）	备注	
			要　数	实　发				
0087	男式西服	套	8000	8000	100	¥ 800000.00		

财会部门稽核：　　　记账：　　　保管部门主管：　　　发货：　　　单位主管：　　　制单：

057

中国工商银行支票存根（粤）
66631215

附加信息 _____

_____

出票日期　2014 年 12 月 15 日

| 收　款　人：外运公司 |
| 金　　　额：1200.00 元 |
| 用　　　途：付运费 |

单位主管　郝有前
会　　计　张进财

058

广东省出口商品统一发票
Guangdong Province Export Goods Unify Invoice

发票代码

发票号码

购货单位：
Purchaser：

地址：　　　　　　　　　电话：　　　　　　开票日期：　　2014 年　12 月 17 日
Add：　　　　　　　　　　Tel：　　　　　　Issued date： Year　　Month　　Date

合同号码 Contract No.		贸易方式 Trade Method		收汇方式 Foreign Exchang Collection Form	
开户银行及账号 Bank where account opened & A/C Number		发运港 Port of Departure	广州	转运港 Port of Transshipment	
信用证号 L/C No.		运输工具 Means of Transportation		目的港 Port of Destination	汉堡

定单号码 P. O. No.	品名规格 Description and Specification of Goods	单位 Unit	数量 Quantify	销售单价 Unit Price	销售总额 Total Sales Amount
	男式西服	套	4000	USD 87.5	USD 350000.00

合计金额大写（币种） Total Amount（Currency）	美元叁拾伍万元整	（小写） Total Amount	USD 350000.00
备注 Notes			

销货单位（盖章）：

地址：　　　　　　　　　Address of Seller：

电话：　　　　　　　　　Tel：

传真：　　　　　　　　　Fax：

059

出口货物联合单据

出 口 口 岸：广州　　运输工具名称：APOLLO V. 0007W　　装运日期：Dec. 17. 2014
起 运 地 点：广州　　目 的 港：HAMBURG（汉堡）　　收汇方式：T/T
贸易国别或地区：德国　　对外合同号：6000158
消费国别或地区：德国　　收 货 人：GRIES DECO COMPANY

商品货号	品名及规格	包 装			数 量			重量(公斤)		价 格			备注
		唛头	种类	件数	数量	单位	毛重	净重	单价	人民币总额	外币总额	
	男式西服	GDC/GERMANY		80	4000	PES		1440	CIF USD 87.5		USD 350000.00	
合计											USD 350000.00	

险别	战争险	保险费		总尺码		运费		FOB 总值	托办日期	
注意事项								要求出口日期：2014 年 12 月 17 日		
								出货仓库：		

填报单位（签章）：出口一部　　部门负责人：陈 花　　仓 库：　　储 运：　　复 核：　　业 务：

101

060

中华人民共和国海关
出口货物报关单

出口退税专用

出口口岸 广州港	备案号	出口日期 2014 年 12 月 17 日	申报日期 2014 年 12 月 16 日
经营单位 蓝天贸易有限公司	运输方式 江海	运输工具名称 羊城 12 号	提运单号 CIF－2001267
发货单位 蓝天贸易有限公司	贸易方式 一般贸易	征免性质 一般征税	结汇方式 T/T
许可证号	运抵国（地区） 德国	指运港 汉堡	境内货源地 广州
批准文号 退税核销单：3399161	成交方式 付款交单	运费 USD 8000.00	保险 USD 400.00
合同协议号 003399	件数 80	包装种类 纸箱	毛重（公斤）	净重（公斤）
集装箱号	随附单据	生产厂家		

标记唛码及备注

项号	商品编号	商品名称、规格型号	数量及单位	最终目的国（地区）	单价	总价	币制	征免
01	876510	男式西服（麻）	4000 套	德国	87.5	350000.00	USD	

税费征收情况

录入员 录入单位	兹声明以上申报无讹并承担法律责任	海关审单批注及放行日期（签章）	
报关员		审单	审价
单位地址	申报单位 中国外运广东公司	征税	统计
邮编 电话	填制日期	检验	放行

061

国际货物运输代理业专用发票

INTERNATIONAL FREIGHT FORWAROING SPECIAL INVOICE　№. 0000000

存根联　　　　　　　　　　开户银行名称：

　　　　　　　　　　　　　账　号：

REFERENCE　　　　　　　BANK ACCOUNT

付款单位　　　　　　　　　开票日期
PAYER _____　DATEISSUED　2017 – 12 – 17

船名/航次/航班/车次　　　　提（运）单号　　　　　开航日期
VESSEL/VOY/FRT/TRAIN NO　羊城12　　B/L NO _____　DATE SAILED _____

起运港　　　　　　　　　　卸货港　　　　　　　　目的港
LOAD PORT _____广州_____　DIS. PORT　汉堡_____　DESTINATION _____

×××印刷厂 年　月印 份（数量） ×3　号码 起讫	收费内容　　（货物名称　数量　单价） PARTICULARS （DESCRIPITONS QUANTITY UNIT PRICE）	金额 AMOUNT	备注 REMARKS	第一联留存备查
	男式西服　　　80件	USD 8000		
	金额合计（大写）　　　　美元捌仟元整 TOTAL IN CAPITAL	合计 LUMP SUM		

企业签章　　　　　　工商登记号　　　　　　　复　核　　　制　单
BUSINESS SEAL　　　BUSINESS REGISTER NO.　　CHECKED BY　　ISSUEDBY
税务登记号　　　　　（手开无效）
TAX REGISTER NO.　　HAND WRTTING NULL AND VOID

062

中国工商银行支票存根（粤）

66631216

附加信息 _____

_____

出票日期 2014 年 12 月 17 日

收 款 人：	中国外运广东公司
金 额：	66560.00 元
用 途：	付国外运费

单位主管 郝有前

会 计 张进财

063

保险业专用发票
INSURANCE TRADE INVOICE
发票联
INVOICE

发票代码 345252525

发票号码 352536546×××

开票日期：2014－12－17
Date of Issue

付款人：
Payer 蓝天贸易有限公司 _____

承保险种：
Coverage _____

保险单号：	批单号：
Policy No.　300876	End. No.　234532

保险费金额（大写）：　　　　　　　　　　（小写）
Premium Amount（In Words）美元肆仟元整　　（In Figures）USD 4000.00

代收车船税（小写）　　　　　　　　　　滞纳金（小写）
Vehicle & Vessel Tax（In Figures）_____　Overdue fine（In Figures）_____

合计（大写）：　　　　　　　　　　　　（小写）
Consist（in Figures）美元肆仟元整　　　　（In Figures）USD 4000.00

附注：
Remarks _____

保险公司名称：中国太平洋保险公司　　复核：　　　　经手人：
Insurance Company　　　　　　　　　　Checked by　　　Handler

保险公司签章：　　　　　　　　　　　　地址：　　　　电话：
Stamped by Insurance Company　　　　　Add　　　　　Tel

保险公司纳税人识别号：　　　　　　　　　（手写无效）
Taxpayer Identification No.　　　　　　Not Valid If Hand Written

第二联　发票联　付款方留存

064

中国工商银行支票存根（粤）
66631217

附加信息

出票日期　2014 年 12 月 17 日

| 收　款　人：中国太平洋保险公司 |
| 金　　　额：33280.00 元 |
| 用　　　途：付出口服装保险费 |

单位主管　郝有前
会　　计　张进财

065

出口结汇收账通知副页

2014 年 12 月 18 日

结汇单位	全称	蓝天贸易有限公司		
	账号	0200338856789		
	外汇金额	牌　价		人民币金额
	USD 339500.00	8.35		￥2834825.00
摘要	我行编号：IR400312/02　　汇款编号：8NTK6KHWB000P　　汇款日期：12/17/2014			
	汇款行号：			
	汇款人名：			
	核销单号：			
	附言：			

066

中 华 人 民 共 和 国
税 收 （出口货物专用） 缴 款 书

隶属关系：

经济类型：国有经济　　　　填发日期：2014 年 12 月 19 日

(98) 粤国缴电 092233 号

征税机关：国税一分局

缴款单位	代码	3456789123		预算科目	款	增值税
	全称	蓝天贸易有限公司			项	010101 国有企业增值税
	开户行	广州市工行东区办			级次	中央75%，地方25%
	账号	0200338856789		收缴国库		中央金库，西区金库

税款所属时期：2014 年 12 月　　　　税款限缴日期：2014 年 12 月 21 日

品目名称	课税数量	计税金额或销售收入	税率或单位税额	已缴或扣除额	实缴金额
出口西服	4000 套	800000.00	17%		136000.00

金额合计（大写）	壹拾叁万陆仟元整	￥136000.00

缴款单位（盖章）
经办人（章）

税务机关（盖章）
填票人（章）

上列款项已收妥并划转收款单位账户

中国工商银行　转账

国库（银行）盖章　　年 月 日

备注

逾期不缴按税法规定加收滞纳金

111

067

出口货物退（免）税申报表

申请单位：

企业性质：

银行账号：

出口货物名称	出口货物报关单编号	出口销售数量	计量单位	销项金额		进项金额	税额	退税种类	税率	退税金额	备注
				美元	人民币						
1	2	3	4	5	6	7	8	9	10	11	12
男式西服		4000	套	339500.00	2834825.00	800000.00	136000.00	增值税	9%	72000.00	

外经贸部门审核意见：	基层税务机关审核意见：	税务机关审批意见：

申请单位：　　　　负责人：莫立欣　　　　填表人：李　进　　申请日期：2014/12/19

068

出口收汇核销单
（出口退税专用）

编号：3399161

出口单位：蓝天贸易有限公司		
单位代码：		
货物名称	数量	币种总价
男式西服	4000 套	USD 350000.00
报关单编号：		
外汇局签注栏：		

069

天河证券营业部
深圳成交过户交割凭单（卖）

资金账号：55336688	上次余额：3448.50
股东编号：00987668	证券名称：粤电力 A（0539）
股东户名：蓝天贸易有限公司	成交价格：16.80
公司代号：232000	成交金额：50400.00
申请编号：001203	标准佣金：226.80
申报时间：10：23：00	过户费用：0.00
成交时间：11：10：00	印花税：151.20
成交编号：00340028	附加费：5.00
成交数量：3000（股）	实收金额：50017.00
证券余额：0（股）	本次余额：53465.50

经办单位：天河证券营业部　　　　　　　　　客户签章：蓝天贸易有限公司

070

出口产品退税稽核单

申请企业名称：蓝天贸易有限公司

1	企业电脑编码			退税隶属期限			2014/12/	
2	年出口计划			完成进度（%）				
3	本批申请美元额			本批申请的进价			本批申请退税额	
4	出口销售收入	合计	本月 135800.00	出口销售收入进价	合计	本月 800000.00	应退税额	合计	本月 72000.00
5			累计			累计			累计
6		已退税	本月		已退税	本月		已退税	本月
7			累计			累计			累计
8		已报未退	本月		已报未退	本月		已报未退	本月
9			累计			累计			累计
10		未报未退	本月		未报未退	本月		未报未退	本月
11			累计			累计			累计
12		非税部分	本月		不予退税	本月			本月
13			累计			累计			累计
14	省外经贸厅 稽核意见		初审意见： 稽核员签章：何 伟 2014/12/19					
15			复核意见： 复核员签章：刘 野 2014/12/19					
16	国税局广州处 审批意见							

申报日期：2014/12/19

071

税务局库款收入退还书

2014 年 12 月 21 日

<table>
<tr><td rowspan="3">收款单位</td><td>全称</td><td colspan="2">蓝天贸易有限公司</td><td rowspan="3">退款单位</td><td>全称</td><td colspan="4">××税务局</td></tr>
<tr><td>账号</td><td colspan="2">0200338856789</td><td>账号</td><td colspan="4">345987</td></tr>
<tr><td>开户行</td><td colspan="2">广州市工行东区办</td><td>开户行</td><td colspan="4">工行西区办</td></tr>
<tr><td rowspan="3">税务机关核定</td><td rowspan="2">退还科目</td><td colspan="2" rowspan="2"></td><td colspan="10">退还金额</td></tr>
<tr><td>千</td><td>百</td><td>十</td><td>万</td><td>千</td><td>百</td><td>十</td><td>元</td><td>角</td><td>分</td></tr>
<tr><td></td><td></td><td></td><td></td><td>7</td><td>2</td><td>0</td><td>0</td><td>0</td><td>0</td><td>0</td><td>0</td></tr>
</table>

合计 ¥7200000 0

共退人民币（大写）：柒万贰仟元整

审核意见：同意退税。 科（所）长：

银行盖章：上列款项已按付款单位委托转入你单位账户内

中国工商银行 2014.12.21 转账 工商银行西区办 2014 年 12 月 21 日

附：退税申请书（申请退税单位填）（略）

072

中国工商银行进账单（回单或收账通知）

2014 年 12 月 21 日

<table>
<tr><td rowspan="3">付款人</td><td>全称</td><td colspan="2">××税务局</td><td rowspan="3">收款人</td><td>全称</td><td colspan="2">蓝天贸易有限公司</td></tr>
<tr><td>账号</td><td colspan="2">345987</td><td>账号</td><td colspan="2">0200338856789</td></tr>
<tr><td>开户银行</td><td colspan="2">工行西区办</td><td>开户银行</td><td colspan="2">广州市工行东区办</td></tr>
</table>

人民币（大写）：柒万贰仟元整 — 百十万千百十元角分 7 2 0 0 0 0 0 0

票据种类 转支 票据张数 1

票据号码

复核 记账

收款人开户盖章 中国工商银行 2014.12.21 转账

073

进口结汇收账通知副页

2014 年 12 月 22 日

结汇单位	全称	蓝天贸易有限公司		
	账号	0200338856789		
外汇金额		牌 价		人 民 币 金 额
USD 15000.00		8.30		￥124500.00
摘要	我行编号：IR400342/03　　汇款编号：8NTK6KHWB014P　　汇款日期：12/22/2014 汇款行号： 汇款人名： 核销单号： 附言：			

074

中国工商银行支票存根（粤）
66631218

附加信息
_____

出票日期　2014 年 12 月 22 日

收 款 人：	广州市工行东区办
金　　额：	124500.00 元
用　　途：	付购进口奶粉货款

单位主管　郝有前
会　　计　张进财

075

广东增值税专用发票

××××××

发 票 联

（广 票）

No.××××××

开票日期：2014 年 12 月 22 日

购货单位	名　　　称：广州利民服装厂
	纳税人识别号：440102358600545
	地址及电话：广州市中山中路 505 号　020—87034088
	开户行及账号：工商银行东风支行 65432123

密码区	70359 < * 8263 + 8 * 5825　　加密版本:02
	394 < *79483 *7386487　3400044792
	92 + + 879 – 4792 – 54 < <6　　02168932
	849 < > *6743

货物或应税劳务名称	规格型号	单位	数量	单价	金额	税率	税额
奶粉		瓶	1500	170.47	255705.00	17%	43469.85
合　　　计					¥255705.00		¥43469.85

价税合计（大写）	贰拾玖万玖仟壹佰柒拾肆元捌角伍分	（小写）　¥299174.85

销货单位	名　　　称：蓝天贸易有限公司
	纳税人识别号：440106845689778
	地址及电话：广州市东风路 8888 号　020—22338888
	开户行及账号：广州市工商银行东区办事处 0200338856789

备注

收款人：×××　　复核：×××　　开票人：×××　　销货单位：（章）

076

委托收款凭证（回单）

委托日期：2014 年 12 月 22 日

收款人	全称	蓝天贸易有限公司	付款人	全称	××服务公司
	账号	0200338856789		账号	89345556465
	开户行	广州市工行东区办		开户行	A 市工行南区办

委托金额	人民币（大写）：贰拾玖万玖仟壹佰柒拾肆元捌角伍分	百	十	万	千	百	十	元	角	分
		¥	2	9	9	1	7	4	8	5

款项内容	货款	委托收款凭据名称	商业汇票	附寄单据张数	收款人开户行盖章
备注		款项收妥日期			
			年　月　日		年　月　日

121

077

国际货物运输代理业专用发票

INTERNATIONAL FREIGHT FORWAROING SPECIAL INVOICE　№. 0000000

存根联　　　　　　开户银行名称：

账　号：

REFERENCE　　　　BANK ACCOUNT

付款单位　　　　　　　　　　开票日期
PAYER _____　　DATEISSUED　2014 - 12 - 13

船名/航次/航班/车次　　　　　提（运）单号　　　　开航日期
VESSEL/VOY/FRT/TRAIN NO　伦敦13　　B/L NO _____　DATE SAILED _____

起运港　　　　　　　　　　　卸货港　　　　　　　目的港
LOAD PORT ____伦敦____　　DIS. PORT _____　DESTINATION ___广州___

×××印刷厂 年 月印 份（数量） ×3 号码 起讫	收费内容　（货物名称　数量　单价） PARTICULARS（DESCRIPITONS QUANTITY UNIT PRICE）	金额 AMOUNT	备注 REMARKS	第 一 联 留 存 备 查
	奶粉　　15件	USD 100		
	金额合计（大写） TOTAL IN CAPITAL　　美元壹佰元整	合计 LUMP SUM		

企业签章　　　　　工商登记号　　　　　　复　核　　　制　单
BUSINESS SEAL　　BUSINESS REGISTER NO.　CHECKED BY　ISSUEDBY
税务登记号　　　　　（手开无效）
TAX REGISTER NO.　　HAND WRTTING NULL AND VOID

078

中国工商银行支票存根（粤）

66631219

附加信息 _____

_____

_____

出票日期　2014 年 12 月 23 日

| 收　款　人：中国外运广东公司 |
| 金　　　额：832.00 元 |
| 用　　　途：付海外运费 |

单位主管　郝有前

会　　计　张进财

079

中国工商银行支票存根（粤）

66631220

附加信息 _____

_____

_____

出票日期　2014 年 12 月 23 日

| 收　款　人：中国太平洋保险公司 |
| 金　　　额：832.00 元 |
| 用　　　途：付进口奶粉保险费 |

单位主管　郝有前

会　　计　张进财

080

保险业专用发票
INSURANCE TRADE INVOICE
发票联
INVOICE

发票代码 345252526

发票号码 352536547×××

开票日期：2014 – 12 – 23

Date of Issue

付款人：

Payer 蓝天贸易有限公司 _____

承保险种：

Coverage _____

保险单号：　　　　　　　　　　批单号：

Policy No.　300877 _____　End. No.　234533 _____

保险费金额（大写）：　　　　　　（小写）

Premium Amount（In Words）美元壹佰元整　（In Figures）USD 100.00

代收车船税（小写）：　　　　　　滞纳金（小写）

Vehicle & Vessel Tax（In Figures）_____　Overdue fine（In Figures）_____

合计（大写）：　　　　　　　　　（小写）

Consist（in Figures）美元壹佰元整　（In Figures）USD 100.00

附注：

Remarks _____

保险公司名称：中国太平洋保险公司

Insurance Company

保险公司签章：

Stamped by Insurance Company

保险公司纳税人识别号：

Taxpayer Identification No.

复核：　　　　　　经手人：

Checked by　　　　Handler

地址：　　　　　　电话：

Add　　　　　　　Tel

（手写无效）

Not Valid If Hand Written

第二联　发票联　付款方留存

081

海关进口关税专用缴款书

收入系统：海关系统　　　　填发日期：2014 年 12 月 24 日　　　号码：

收款单位	收入机关		中央金库			缴款单位	全称	蓝天贸易有限公司
	科目	进口关税	预算级次	中央			账号	0200338856789
	收缴国库		广州市工行东区办				开户行	广州市工行东区办

税号	货物名称	数量	单位	完税价格（人民币）	税率（%）	税款金额（人民币）
5290012	奶粉	1500	瓶	127680.00	10	12768.00

金额人民币（大写）：壹万贰仟柒佰陆拾捌元整		合计	¥12768.00

申请单位编号		报关单编号		填制单位（盖章）	收缴国库（银行）（章）
合同（批文）号	99ZE—3021	运输工具（号）		制单人：张 复核人：刘	
缴款期限	14/12/31 前	提 / 装货单号			
备注	一般征税　照章征税　20141222 进			中国工商银行 2014.12.24 转账　转讫	

从填发缴款书次日起，限七日内（星期日和法定节假日除外）缴纳，逾期按日征收税额总额千分之一的滞纳金。

082

中国工商银行支票存根（粤）

66631221

附加信息 _____

_____

出票日期　2014 年 12 月 24 日

| 收　款　人：广州海关 |
| 金　　　额：12768.00 元 |
| 用　　　途：付进口奶粉关税 |

单位主管　郝有前

会　　计　张进财

083

中国工商银行支票存根（粤）

66631222

附加信息 _____

_____

出票日期　2014 年 12 月 24 日

| 收　款　人：广州市工行东区办 |
| 金　　　额：23618.44 元 |
| 用　　　途：付进口奶粉增值税 |

单位主管　郝有前

会　　计　张进财

084

商品入库单

单位名称：蓝天贸易有限公司　　　　　　　　　　入库时间：2014 年 12 月 26 日

序号	品名	规格	单位	数量	单价	金额
1	奶粉		瓶	1500	170.47	￥255705.00
2						
3						
入库形式：估价（　）　正式（√）			合　　　计			￥255705.00

保管员：李　华　　　　　　　　　　　　　采购员：温　华

085

固定资产折旧计算表

2014 年 12 月 26 日 　　　　　　　　　　　　单位：元

代码	名称	类别	使用部门	原值	月折旧率（%）	月折旧额
CF－001	厂房	房屋及建筑物	销售部	1200000.00	0.16	1920.00
CF－002	厂房	房屋及建筑物	仓储部	1800000.00	0.13	2340.00
BG－001	办公楼	房屋及建筑物	行政事务部	600000.00	0.16	960.00
BG－002	办公楼	房屋及建筑物	出租	500000.00	0.16	800.00
QC－001	小汽车	交通运输工具	销售部	80000.00	0.8	640.00
QC－002	货车	交通运输工具	物资供应部	300000.00	0.8	2400.00
BZ－001	包装设备	机器设备	物资供应部	200000.00	0.67	1340.00
DN－001	电脑	办公设备	设备部	10000.00	1.33	133.00
DN－002	电脑	办公设备	财务部	6800.00	1.6	108.80
CZ－001	传真机	办公设备	行政事务部	4000.00	0.8	32.00
FY－001	复印机	办公设备	政工科	30000.00	0.8	240.00

注：预计净残值率均为4%。

086

职工福利费提取计算表

2014 年 12 月 26 日 　　　　　　　　　　　　单位：元

部　门	应借会计科目			合　计
	销售费用	管理费用	应付福利费	
业务部门	5576.20			5576.20
行政部门		4834.20		4834.20
医务部门		977.20		977.20
长期病假人员		637.00		637.00
合　计	5576.20	6448.40		12024.60

注：工资情况见表004，计提比例为14%。

087

职工教育经费提取计算表

2014 年 12 月 26 日

编制单位：蓝天贸易有限公司　　　　　　　　　　　　　　　　单位：元

工资总额	提取比例	应提职工教育经费
85890.00	1.5%	1288.35

审核：　　　　　　　　制表：

088

工会经费提取计算表

2014 年 12 月 26 日

编制单位：蓝天贸易有限公司　　　　　　　　　　　　　　　　单位：元

工资总额	提取比例	应提工会经费
85890.00	2%	1717.80

审核：　　　　　　　　制表：

089

行政拨交工会经费缴款书

交款日期：2014 年 12 月 26 日

所属月份	12 月		职工人数				本月工资总额		

付款单位	户名	蓝天贸易有限公司					收款单位	户名	市总工会集中户				户名	基层工会				
	账号	0200338856789						账号	4200785564				账号	34521				
	开户行	广州市工行东区办						开户行	××市信用社				开户行	市工行水办				
	金额	万千百十元角分		1 7 1 7 8 0				金额 60%	万千百十元角分 1 0 3 0 6 8				金额 40%	千百十元角分 6 8 7 1 2				

090

中国工商银行利息计算清单

单位名称：蓝天贸易有限公司

起息日期	结息日期	天数	积数	利率	利息金额（元）
2014/9/21	2014/12/20		68795000	3‰	￥6879.50

上列存款利息
已照收你单位账户

中 国 工 商 银 行
2014.12.26
转 账
转 讫
中国工商银行××营业部
2014 年 12 月 26 日

备注：

091

中国工商银行利息计算清单

单位名称：蓝天贸易有限公司

起息日期	结息日期	天数	积数	利率	利息金额（元）
2014/9/21	2014/12/20		81000000	8‰	￥21600.00

上列存款利息
已照收你单位账户

中 国 工 商 银 行
2014.12.26
转 账
备注 转
讫
中国工商银行××营业部
2014 年 12 月 26 日

092

广东省广州市服务业发票
发票联

No. 00000000

客户名称：蓝天贸易有限公司　　　　　　　　　　开票日期：2014 年 12 月 27 日

产品名称及规格	单位	数量	单价	金额								备注
				十	万	千	百	十	元	角	分	
纸箱加工费	只	30	18			￥	5	4	0	0	0	
合计金额（大写）		伍佰肆拾元整				￥	5	4	0	0	0	
收款单位	华明纸箱厂		开户银行		农行东区办							
联系电话	020—32176641		账　号		50241123							

开票人：鹏　飞　　　　　收款人：黄　五　　　　　开票单位（盖章有效）：

093

委外加工验收单

2014 年 12 月 27 日

入库部门		物资供应部				验收部门		仓库
材料编号	名称	规格	单位	入库数	实收数		单价	金额
	库存未用纸箱		只	30	30		18	540.00
用途			包装苹果					
委外厂家名称	账号		税号		电话号码			联系人
华明纸箱厂	50241123		3254687154		020—32176641			刘平明

094

出差费用报销单

填报日期：2014 年 12 月 27 日

预借金额：900 元　　实报金额：960 元　　超支金额：60 元

出差人	姓名	职别		项目	天数	标准	金额	备注
	李华	副经理	出差费用	车船费	6	实报	200.00	票附后（略）
事由	去北京联系业务			市内交通费	6	10	60.00	若干
出差时间	12 月 9—15 日			住宿费	6	30	180.00	若干
出差地点	北京市			伙食补助费	6	20	120.00	
备注	预支旅费	900.00 元		业务费		现金付讫	400.00	单据附后（略）
	外借旅费	元		合计			960.00	
	补现款	60.00 元		报销大写：人民币玖佰陆拾元整				
	退现款	元						

095

中国工商银行支票存根（粤）

66631223

附加信息

_____

_____

出票日期　2014 年 12 月 27 日

收　款　人：南方日报广告有限公司
金　　　额：38000.00 元
用　　　途：付广告费

单位主管　郝有前

会　　计　张进财

096

广告业专用发票
发票联

单位：蓝天贸易有限公司 　　　　　　　　　　　开票日期：2014 年 12 月 27 日

项 目	单 位	数 量	单 价	金 额							
				十万	万	千	百	十	元	角	分
广告费				¥ 3	6	1	0	0	0	0	0
				¥ 1	9	0	0	0	0	0	
合计人民币 （大写）	叁万捌仟元整										

收款单位：南方日报广告有限公司财务专用章 　　地址： 　　　开票人：刘 星

097

医药费报销单

填表日期：2014 年 12 月 27 日

职工姓名	李文华		所属部门							
家属姓名			性别		年龄		与职工关系			
医药费用明细										
就诊地点	就诊时间	治疗费用	检查费用	西药费	中药费	其他费用	票据张数	应报金额	实报金额	
			600.00	2630.00				2907.00	2907.00	
合计								¥2907.00	¥2907.00	

实报金额人民币（大写）贰仟玖佰零柒元整

申报人	签名：李文华	医务复核	签名：柳花	财务复核	签名：郝有前
	日期		日期		日期

报销人：李文华 　　　　　部门批报：陈 华

098

门诊医药费收据

2014 年 11 月 23 日

姓名：李文华

项　目	金　额
西药费	2630.00
中成药	
中草药	
注射费	
检查费	600.00
其　他	
合　计	¥3230.00
（大写）	叁仟贰佰叁拾元整

收款人：

099

困难补助费发放表

2014 年 12 月 28 日

姓　名	金　额	领款人签名
沈文浩	600.00	沈文浩
方小心	400.00	方小心
夏小华	500.00	夏小华
刘大伟	300.00	刘大伟
合计人民币（大写）		壹仟捌佰元整

领导审批：莫立欣　　　　财务主管：郝有前　　　　制表：孙　月

100

新华书店图书专用发票

发票联

客户名称：蓝天贸易有限公司　　　　　　　　　　　　2014 年 12 月 28 日

类别	册数	单位	金额					
			千	百	十	元	角	分
社　科	4	本		¥	8	8	0	0
文　艺								
科　技								
画　册								
影　像								
合计金额（大写）	捌拾捌元整							

书店（盖章）　　　　　收款：刘小萍　　　　开票：吴大枝

101

中国工商银行进账单（回单或收账通知）

2014 年 12 月 28 日

付款人	全称	中南有限责任公司	收款人	全称	蓝天贸易有限公司							
	账号	34126		账号	0200238856789							
	开户银行	工行南办		开户银行	广州市工行东区办							
人民币（大写）：柒仟元整				百	十	万	千	百	十	元	角	分
							¥ 7	0	0	0	0	0
票据种类	转支	票据张数	1	收款人开户行盖章								
票据号码												
复核　　　　　记账												

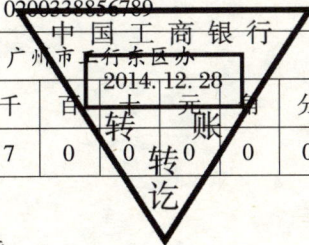

145

102

广东省地方税收通用发票（电子）

发票联

电子发票 手写无效

发票校验码 830133××

发票代码：2440114070××

发票号码 087403××

开票日期：2014 – 12 – 28　　　　行业类别：租赁业

付款方名称：中南有限责任公司			
付款方识别号：			
收款方名称：蓝天贸易有限公司			
收款方识别号：			
主管税务机关：			
序号	开票项目说明	金额（元）	备注
1	租金（2014. 12. 1—2014. 12. 31）	7000.00	

合计（大写）：人民币柒仟元整　　　　　　　合计（小写）：￥7000.00

附注：

NO. 1404001 – 34050045　　　　开票人：　　　　开票单位盖章：

发票联 付款方付款凭证

103

中国工商银行支票存根（粤）
66631224
附加信息
出票日期　2014 年 12 月 29 日
收款人：市医药公司
金　额：5400.00 元
用　途：购药款
单位主管　郝有前
会　计　张进财

104

市医药公司发票

发票联

购货单位：蓝天贸易有限公司　　　　　　　　　　开票日期：2014 年 12 月 29 日

商品编号	品名及规格	单位	数量	批发牌价	折扣	金额
	康泰克	盒	600	9.00		￥5400.00
合计人民币	伍仟肆佰元整					
备　注	每箱内装	合计箱数	制单：张 正　　　复核：刘 新			
	60 盒	10				

105

委托收款凭证（回单）

委托日期：2014 年 12 月 30 日

收款人	全称	市供电局		付款人	全称	蓝天贸易有限公司								
	账号	89654			账号	0200338856789								
	开户行	B 市工行四区办			开户行	广州市工行东区办								
委托金额	人民币（大写）：贰万零叁佰肆拾元整				百	十	万	千	百	十	元	角	分	
						￥	2	0	3	4	0	0	0	
款项内容	12月电费	委托收款凭证名称	发票	附寄单据张数	中国工商银行（略） 2014.12.30 转账转讫									
备注		款项收妥日期　　年 月 日		收款人开户行盖章　　年 月 日										

149

106

债券月利息计算表

2014 年 12 月

编制单位：蓝天贸易有限公司   单位：元

债券名称	债券面值	票面利率	月利息
国库券	100000.00	7.2%	600.00
合计			

107

坏账准备提取计算表

2014 年 12 月

编制单位：蓝天贸易有限公司

年末应收账款余额	计提比例	年末坏账准备应有余额	年末账面坏账准备实有余额	应补提（＋）或冲回（－）坏账准备
389175.00	0.5%	1945.875	30800.00	（－）28854.125

108

待摊费用摊销计算表

2014 年 12 月

编制单位：蓝天贸易有限公司

待摊费用名称	应摊销总额	摊销月份	每月摊销额
报刊费	3600.00	12	300.00
合计	￥3600.00		￥300.00

109

委托收款凭证（回单）

委托日期：2014 年 12 月 31 日

付款人	全称	蓝天贸易有限公司		收款人	全称	市电信局
	账号	0200338856789			账号	3200698855564
	开户行	广州市工行东区办			开户行	B 市工行营业部

委托金额	人民币（大写）：叁仟肆佰元整	百	十	万	千	百	十	元	角	分
					3	4	0	0	0	0

款 项 内 容		协议号	2010		

市话月租费	200.00	自动长话费	1100.00	移动月租费	50.00
市话通话费	1500.00	人工长话费	0	移动通话费	170.00
信息服务费	0	电报费	180	漫游月租费	0.00
初装费	0	出租代维费	0	BP 机月租费	200.00
工料费	0	数据通信费	0	其他	

单位主管：　　　会计：　　　复核：　　　记账：　　　付款人开户行盖章　　年　月　日

110

财务部：

　　根据公司总机电脑记录，本月业务部门发生电话费用 1800.00 元；其他管理部门发生费用 1600.00 元。

（盖章）

公司总经理办公室

2014 年 12 月 31 日

111

库存现金盘点表

2014 年 12 月 31 日

项目	金额	项目	金额
现金日记账账面余额 加：已收款未入账部分 减：已付款未入账部分 现金应存数	374.80 92.00 282.80	盘点情况 主币 辅币 现金实存数	82.00 0.80 82.80
盘存检查结果： 短　　缺： 超出限额： 其　　他：	200.00	处理意见： 由出纳赔付。 莫立欣 2014/12/31	

会计主管：郝有前　　　　　　　　　　　　　　出纳：梅小利

112

增值税纳税申报表
（适用于增值税一般纳税人）

根据《中华人民共和国增值税暂行条例》和《交通运输业和部分现代服务业营业税改征增值税试点实施办法》的规定制定本表。纳税人不论有无销售额，均应按主管税务机关核定的纳税期限按期填报本表，并向当地税务机关申报。

税款所属时间：自 2014 年 11 月 1 日至 11 月 30 日　填表日期：2014 年 12 月 31 日　　　　　　　金额单位：　　元（列至角分）

纳税人识别号								所属行业：	
纳税人名称	蓝天贸易有限公司	法定代表人姓名	莫立欣	注册地址	广州市东风路8888号	营业地址	广州市东风路8888号		
开户行及账号	广州市工行东区办0200338856789		企业登记注册类型				电话号码		

	项目	栏次	一般货物及劳务和应税服务	即征即退货物及劳务和应税服务
销售额	（一）按适用税率征税货物及劳务销售额	1		
	其中：应税货物销售额	2		
	应税劳务销售额	3		
	纳税检查调整的销售额	4		
	（二）按简易征收办法征税销售额	5		
	其中：纳税检查调整的销售额	6		
	（三）免、抵、退办法出口货物销售额	7		
	（四）免税货物及劳务销售额	8		
	其中：免税货物销售额	9		
	免税劳务销售额	10		
税款计算	销项税额	11	180283.60	
	进项税额	12	159618.44	
	上期留抵税额	13		
	进项税额转出	14		
	免、抵、退货物应退税额	15		
	按适用税率计算的纳税检查应补税额	16		
	应抵扣税额合计	17＝12＋13－14－15＋16		
	实际抵扣税额合计	18（如17＜11，则为17，否则为11）		
	应纳税额	19＝11－18	20665.16	
	期末留抵税额	20＝17－18		
	简易征收办法计算的应纳税额	21		
	按简易征收办法计算的纳税检查应补缴税额	22		
	应纳税额减征额	23		
	应纳税额合计	24＝19＋21－23	20665.16	
税款缴纳	期初未缴税额（多缴为负数）	25		
	实收出口开具专用缴款书退税额	26		
	本期已纳税额	27＝28＋29＋30＋31		
	①分次预缴税额	28		
	②出口开具专用缴款书预缴税额	29		
	③本期缴纳上期应纳税额	30		
	④本期缴纳欠缴税额	31		
	期末未缴税额（多缴为负数）	32＝24＋25＋26－27		
	其中：欠缴税额（≥0）	33＝25＋26－27		
	本期应补（退）税额	34＝24－28－29		
	即征即退实际退税额	35		
	期初未缴查补税额	36		
	本期入库查补税额	37		
	期末未缴查补税额	38＝16＋22＋36－37		

授权声明	如果你已委托代理申报人，请填写下列资料： 为代理一切事宜，现授权_____ （地址）_____为本纳税人的代理申报人，任何与本申报表有关的往来文件都可寄与此人。 授权人签字	申报人声明	此纳税申报表是根据《中华人民共和国增值税暂行条例》的规定填报的，我确信它是真实的、可靠的、完整的。 声明人签字

以下由税务机关填写：

收到日期：　　　　　　　接收人：　　　　　　　主管税务机关盖章：

113

盈余公积金提取计算表

2014 年 12 月

项　目	提 取 比 例	金　额
净利润		
减：弥补以前年度亏损		
计提盈余公积基数		
本期应提取法定盈余公积	10%	
本期应提取任意盈余公积	5%	
本期应提取公益金	5%	

114

应付利润计算表

2014 年 12 月

项　目	
净利润	
减：弥补企业以前年度亏损	
提取的一般盈余公积	
提取的公益金	
加：年初未分配利润	
盈余公积补亏	
可供投资者分配的利润	
应付给投资者的利润（60%）	
其中：E 公司	
F 公司	

1. 增值税专用发票销货清单

增值税专用发票销货清单

（只作发票附件，不作收款凭证）

购货单位名 称				发票	代码：_____
					号码：_____
商 品 或 劳 务 名 称	计量单位	数 量	单 价		销 售 额
销 售 额 合 计					
备注				发货仓库	

经手人：　　　　　　　　　　　　　　　　销货单位（盖章）：

说明：1. 本清单的式样由广州市国家税务局提供。
　　　2. 本清单的单价、销售额栏填写不含税的单价和销售额。

2. 出口退（免）税资格认定申请表

出口退（免）税资格认定申请表

纳税人名称				
纳税人英文名称				
海关企业代码				
电话		传真		
邮编		电子信箱		
企业注册地址				
经营场所（中文）				
纳税人识别号		纳税人类型		增值税一般纳税人（ ）
				增值税小规模纳税人（ ）
				其他（ ）
主管税务机关名称		纳税信用等级		
登记注册类型代码		行业归属代码		
隶属关系代码		经营者类型代码		
对外贸易经营者备案登记表编号				
是否提供零税率应税服务		是（ ） 否（ ）	提供零税率应税服务代码	

工商登记	注册号		企业法人代表（个体工商负责人）	姓名	
	注册日期			身份证号	
	有效期			电话	
	注册资金				

退税开户银行				
退税开户银行账号				

企业办理退免税人员	姓名		电话	
	身份证号			
	姓名		电话	
	身份证号			

享受增值税优惠政策情况				
先征后退（ ）	即征即退（ ）	超税负返还（ ）	其他（ ）	
主管外汇管理局				
附送资料				

（续上表）

退税计算办法及申报方式				
退（免）税计算方法	1. 免抵退税 （　）			
	2. 免退税 （　）			
	3. 免税 （　）			
	4. 其他 （　）			
纸质凭证申报方式	上门申报 （　）	数据电文申报	上门申报 （　）	
	邮寄申报 （　）		远程申报 （　）	
是否分部核算	是（　） 否（　）	分部核算部门代码		

　　申请认定者请认真阅读以下条款，并由企业法定代表人或个体工商负责人签字、盖章以示确认。

　　一、遵守各项税收法律、法规及规章。

　　二、在《出口退（免）税资格认定申请表》中所填写的信息及提交的材料是完整的、准确的、真实的。

　　三、《出口退（免）税资格认定申请表》上填写的任何事项从发生变化之日起，30日内到原认定机关办理《出口退（免）税资格认定申请表》的变更手续。

　　以上如有违反，将承担一切法律责任。

　　此表一式两份。

法定代表人（申明签章）：

纳税人公章：

年　月　日

3. 出口退（免）税资格认定变更申请表

出口退（免）税资格认定变更申请表

纳税人识别号		海关企业代码	
纳税人名称			
变更事项	原认定内容		变更后内容

附送件：

　　申请变更认定者请认真阅读以下条款，并由企业法定代表人或个体工商负责人签字、盖章以示确认。

　　一、遵守各项税收法律、法规及规章。

　　二、在《出口退（免）税资格认定变更申请表》中所填写的信息及提交的材料是完整的、准确的、真实的。

法定代表人（负责人）签章：

纳税人公章：

年　　月　　日

4. 出口退（免）税资格认定注销申请表

出口退（免）税资格认定注销申请表

纳税人识别号	
纳税人名称	
海关企业代码	

注销事由：

附送资料：

　　申请注销认定者请认真阅读以下条款，并由企业法定代表人或个体工商负责人签字、盖章以示确认。

　　一、遵守各项税收法律、法规及规章。

　　二、在《出口退（免）税资格认定注销申请表》中所填写的信息及提交的材料是完整的、准确的、真实的。

法定代表人（负责人）签章：

纳税人公章：

年　月　日

主管税务机关意见：

主管税务机关（公章）

年　月　日

5. 变更税务登记表

<h2 style="text-align:center">变更税务登记表</h2>

纳税人名称			纳税人识别号	
是否已办理出口退（免）税认定	是（ ）	否（ ）	海关代码	

变更登记事项				
序号	变更项目	变更前内容	变更后内容	批准机关名称及文件

送缴证件情况：

经办人：　　　　　　　法定代表人（负责人）：　　　　　　　纳税人（签章）
　　年　月　日　　　　　　　　　年　月　日　　　　　　　　　年　月　日

以下由税务机关填写

缴销发票情况：

经办人：　　　　　年　　月　　日　　　　　　　　负责人：　　　　　年　　月　　日

清缴税款情况：

经办人：　　　　　年　　月　　日　　　　　　　　负责人：　　　　　年　　月　　日

税务检查情况：

经办人：　　　　　年　　月　　日　　　　　　　　负责人：　　　　　年　　月　　日

进出口税收管理部门审核意见：

经办人：　　　　　年　　月　　日　　　　　　　　负责人：　　　　　年　　月　　日

经办税务机关审核意见：

经办人：　　　　　　　负责人：　　　　　　　税务机关（签章）
　　年　月　日　　　　　　　年　月　日　　　　　　　　年　月　日

使用说明：

一、本表适用于各类纳税人变更税务登记〔含出口退（免）税认定变更〕填用。

二、是否已办理出口退（免）税认定：由企业根据实际情况填写"是"或"否"。

三、海关代码：已办理出口退（免）税认定的企业必须填写。

四、变更项目：填需要变更的税务登记〔含出口退（免）税认定〕项目。

五、变更前内容：填变更税务登记〔含出口退（免）税认定〕前的登记内容。

六、变更后内容：填变更的税务登记〔含出口退（免）税认定〕内容。

七、批准机关名称及文件：凡需要经过批准才能变更的项目须填写此项。

八、经办税务机关出口退税部门审核意见：对已办理出口退（免）税认定的企业办理变更"企业类型、海关代码、出口退税账户、纳税人类型、经营者类型及退税计算方法"的，必须经进出口税收管理部门审核并填写审核意见。

九、报送此表时还应附送如下资料：

（一）税务登记变更内容与工商行政管理部门登记变更内容一致的应提交：

1．工商执照及工商变更的登记表复印件；

2．纳税人变更登记内容的决议及有关证明文件；

3．主管税务机关发放的原税务登记证件（税务登记证正、副本和税务登记表等），已办理出口退（免）税认定的企业还应提供原出口货物退（免）税认定表。

（二）变更税务登记内容与工商行政管理部门登记内容无关的应提交：纳税人变更登记内容的决议及有关证明、资料。

十、本表一式一份、纳税人一份。

6. 广州市非营利组织免税资格复审申请表

广州市非营利组织免税资格复审申请表

企业所得税主管机关：国税☐　地税☐

单位名称			
住所			
业务主管单位			
业务范围			
宗旨			
单位设立登记时间			
已认定的免税资格有效期（五年）	_____年度至_____年度		
登记管理机关		登记管理机关的行政级别：市级☐；区级或县市级☐	
企业所得税主管税务机关		税务登记号（纳税人识别号）	
法定代表人		联系电话	
联系人		联系电话	

是否符合条件	依法设立或登记的非营利组织	☐是☐否
	从事公益性或非营利性活动，且活动范围主要在中国境内	☐是☐否
	取得的收入除用于与本组织有关的、合理的支出外，其他全部用于登记核定或章程规定的公益性或非营利性事业	☐是☐否
	财产及其孳息不用于分配，但不包括合理的工资薪金支出	☐是☐否
	按照登记核定或章程规定，本组织注销后的剩余财产用于公益性或非营利性目的，或者由登记管理机关转赠给与本组织性质、宗旨相同的组织，并向社会公告	☐是☐否
	投入人对投入本组织的财产不保留或者享有任何财产权利，本款所称投入人是指各级人民政府及其部门外的法人、自然人和其他组织	☐是☐否
	工作人员工资福利开支控制在规定的比例内，不变相分配本组织的财产，其中，工作人员平均工资薪金水平不超过上年度税务登记所在地人均工资水平的两倍，工作人员福利按照国家有关规定执行	☐是☐否
	申请前年度的检查结论为"合格"	☐是☐否
	对取得的应纳税收入及其有关的成本、费用、损失与免税收入及其有关的成本、费用、损失分别核算	☐是☐否

本单位承诺：以上所填信息及所申报的免税资格资料真实、准确。

法定代表人：

（单位盖章）

年　月　日

（续上表）

认定机构认定意见		财政部门 （单位公章） 年　月　日
		国税部门 （单位公章） 年　月　日
		地税部门 （单位公章） 年　月　日

注：本免税资格申请表一式五份（双面打印）。

认定机构联系电话：×××－××××××××。

7. 财务会计制度及核算软件备案报告书

财务会计制度及核算软件备案报告书

纳税人名称		纳税人识别号	
资料	名称		备注
1. 财务、会计制度			
2. 低值易耗品摊销方法			
3. 折旧方法			
4. 成本核算方法			
5. 会计核算方法			
6. 会计报表			
纳税人： 经办人：　负责人：　纳税人（签章） 报告日期：　　年　月　日	税务机关： 经办人：　负责人：　纳税人（签章） 受理日期：　　年　月　日		

注：从事生产、经营的纳税人应当自领取税务登记证件之日起 15 日内，将本表报送税务机关备案。

8. 新开企业主营业务申报表

| 贴条形码处 | 盖公章处 |

新开企业主营业务申报表

纳税人识别号：☐☐☐☐☐☐☐☐☐☐☐☐☐☐☐☐☐☐

纳税人名称：

企业成立日期		登记注册类型	
是否为中央所属企业、 在国家税务局缴纳营业税的企业		☐是　　　　☐否	
是否属于银行（信用社）、保险公司		☐是　　　　☐否	
是否属于外商投资企业，外国企业常驻代表机构， 在中国境内设立机构、场所的其他非居民企业		☐是　　　　☐否	
本单位主营业务 （只能选一项，选择"其他"项的，需具体列明）		☐批发、零售　☐生产、制造　☐加工 ☐修理修配　☐软件产品研发、销售（维护） ☐计算机系统集成的销售、设计、安装工程 ☐设计　☐服务　☐其他（　　　　　）	
是否需在国家税务局 领购发票	☐是　　☐否	主营业务是否 缴纳增值税	☐是　☐否
是否需申请认定 增值税一般纳税人	☐是　　☐否	是否需申请享受增值税优惠政策（含软件企业增值税"即征即退"优惠）	☐是　☐否
以下由分支机构纳税人填写			
企业总机构的所得税是否属国家税务局征管		☐是　　☐否	
填表人：		填表时间：　　　年　　月　　日	
以下由税务机关填写			
税务机关意见：		办理企业所得税税种鉴定： ☐是　　　　☐否 经办人：（税收业务受理专用章） 　　　　　　　　　　年　　月　　日	

注：1. 本表由新开企业在办理税务登记时填报。

2. "企业成立日期"及"登记注册类型"项目按工商营业执照或其他许可证书的口径填写。

3. 国家税务局发售的发票类型主要包括：销售发票，加工、修理修配发票，收购发票，订报发票，其他收入发票等。

9. 增值税一般纳税人增值税纳税申报表及财务报表封面

请在下列项目括号内打"√"　　　　　　纳税人编码：☐☐☐☐☐☐☐☐☐☐☐

1. 企业类型：内资（　）外资（　）　　税务登记证号码：| 4 | 4 | 0 | 1 | 0 | 4 | | | | | | | | | | |

2. 工商业类型：工业（　）商业（　）　　经管管理分局：

3. 一般纳税人分类：A（　）B（　）C（　）　　管理分局联系人：

4. 信用等级：A（　）B（　）C（　）D（　）　　　业户归档码：

　　　　　　　　　　　　　　　　　　规定报送日期：每月____日至____日

广州市越秀区国家税务局
增值税一般纳税人增值税纳税申报表及财务报表封面

所属时期：_____年_____月

企业名称：

企业地址：　　　　　　电话号码：　　　　　　邮政编码：

企业负责人：　　　　　财务负责人：　　　　　企业盖章：

实际报送日期：　　　年　　月　　日

请在有报送的报表名称前的"☐"打"√"并按顺序装订

一、增值税报表

☐1.《专用发票用票情况表》（DOS版税控企业）　　☐18.《认证结果通知书》

☐2.《增值税专用发票汇总表》（Windows版税控企业）　☐19.《分支机构销售明细表》

☐3.《增值税纳税申报表》　　☐20.《生产企业出口货物免、抵、退税申报汇总表》

☐4.《增值税纳税申报表附列资料（表五）》　　☐21.《生产企业出口货物增值税申报补充资料》

☐5.《增值税纳税申报表附列资料（表一）》　　☐22.《免税进口料件视同已征税款抵扣申报表》

☐6.《增值税纳税申报表附列资料（表二）》　　☐23.《来料加工免税证明单》

☐7.《增值税纳税申报表附列资料（表三）》　　☐24.电子申报文件

☐8.《增值税纳税申报表附列资料（表四）》（税控专用发票存根联明细）

☐9.《增值税纳税申报表附列资料（表四）》（《废旧物资发票开具清单》）

☐10.《增值税纳税申报表附列资料（表六）》（《增值税运输发票抵扣清单》）

☐11.《增值税纳税申报表附列资料（表六）》（《海关完税凭证抵扣清单》）

☐12.《增值税纳税申报表附列资料（表六）》（《废旧物资发票抵扣清单》）

☐13.《增值税纳税申报表附列资料（表六）》（《代开发票抵扣清单》）

☐14.《增值税纳税申报表附列资料（表六）》（《收购发票（有抵扣联）开具清单》）

☐15.《增值税纳税申报表附列资料（表六）》（《收购发票（无抵扣联）开具清单》）

☐16.《成品油购销存情况明细表》

☐17.《纳税申报情况说明表》

二、财务报表

☐1.《资产负债表》

☐2.《损益表》

☐3.《现金流量表》（年度报送）

三、主管税务机关规定的其他资料

☐1.存货盘点表（年度报送）

☐2.往来款项目明细表（年度报送）

☐3.固定资产明细表（年度报送）

☐4.其他

10. 注销税务登记申请审批表

贴条形码处		盖公章处

注销税务登记申请审批表

纳税人识别号：☐☐☐☐☐☐☐☐☐☐☐☐☐☐☐

纳税人名称			
是否已办理出口退（免）税认定		海关代码	
注销原因			
附送资料			
经办人： 年　月　日	法定代表人（负责人）： 年　月　日		纳税人： 年　月　日
申请注销税务登记的纳税人必须先完成前置清理事项			
缴销发票情况	经办人：　　年　月　日		负责人：　　年　月　日
清缴税款、滞纳金、罚款情况	经办人：　　年　月　日		负责人：　　年　月　日
税务检查意见	经办人：　　年　月　日		负责人：　　年　月　日
出口退（免）税清算情况	经办人：　　年　月　日		负责人：　　年　月　日
注销税务登记受理时间			年　月　日

收缴税务证件情况	种　类	税务登记证正本	税务登记证副本	临时税务登记证正本	临时税务登记证副本
	数　量				
	经办人：　　　　　　年　月　日				

审批意见	部门负责人：　　　　　　税务机关（签章） 年　月　日　　　　　　　　　　年　月　日

填表说明：

1. 是否已办理出口退（免）税认定：由企业根据实际情况填写"是"或"否"；

2. 海关代码：已办理出口退（免）税认定的企业必须填写；

3. 缴销发票情况：填写纳税人发票领购簿及发票缴销的情况；

4. 清缴税款、滞纳金、罚款情况：填写纳税人应纳税款、滞纳金、罚款缴纳的情况；

5. 税务检查意见：填写对纳税人进行税务检查的结果；若查账征收的小规模纳税人提供《企业注销税务登记税款清算鉴证报告》或《企业所得税汇算清缴鉴证报告》的，主管国税机关不再进行税务检查；

6. 出口退（免）税清算情况：填写纳税人出口退（免）税清算的结果；

7. 收缴税务证件情况：在相应的栏内填写收缴登记证数量；

8. 本表为一式一份，纳税人留存。

11. 外出经营活动情况申报表

外出经营活动情况申报表

纳税人名称			纳税人识别号		
外出经营活动税收管理证明号码					
证明有效期	自　　年　　月　　日到　　年　　月　　日				
实际经营期间	自　　年　　月　　日到　　年　　月　　日				
到达时间			报验时间		
经营地点			货物存放地点		

应税劳务	营业额	缴纳税款	使用发票名称	发票份数	发票号码
合计金额			……		

货物名称	销售数量	销售额	缴纳税款	使用发票名称	发票份数	发票号码
合计金额	……				……	

申请单位：	税务机关意见：
经办人：　　　法定代表人（负责人）： 　　年　月　日　　　　　年　月　日	经办人：　　　　　　　负责人： 　　年　月　日　　　　　年　月　日
申请单位（签章） 年　月　日	税务机关（签章） 年　月　日

12. 外出经营活动税收管理证明申请审批表

外出经营活动税收管理证明申请审批表

纳税人识别号：

纳税编码：

纳税人名称：

注册地址		邮政编码	
生产经营地址		邮政编码	
法定代表人		法人证件类型	
证件号码			
电话号码		行业	
登记注册类型		经营方式	
运销地点			

销 售 货 物			
货物名称	单价	起运数量	总值
合计			
金额合计大写			

建 安 工 程			
工程项目	工程地点	工程期限	工程预算
		年 月 日至 年 月 日	
		年 月 日至 年 月 日	

申报单位

（公章）

法定代表人（负责人）：　　　　办税人员：　　　　　　　年 月 日

175

（续上表）

以下由税务机关填写	
主管税务机关意见： （签章） 负责人：　　　　　　　经办人：　　　　　　　　　　年　月　日	
有效 日期	自　　年　　月　　日至 　　年　　月　　日	开具证明的字轨号： 开具日期：　　　年　　月　　日

说明：本表一式一份，由税务机关留存。

13. 外出经营货物报验单

外出经营货物报验单

纳税人识别号：☐☐☐☐☐☐☐☐☐☐☐☐☐☐☐☐☐☐☐

纳税编码：☐☐☐☐☐☐☐☐☐☐

纳税人名称：

外出经营活动税收管理证明号码		办税人员及电话	
到达时间		报验时间	
经营地点		货物存放地点	
销售货物			
货物名称	单位	起运数量	总值
合　计			
运销地点			
以下由销地税务机关填写			
货物名称	实到数量		总值
合　计			
查验人		查验时间	年　月　日

申请单位： （公章） 法定代表人（负责人）： 办税人员：　　　　年　月　日	税务机关意见： （公章） 经办人：　　　　年　月　日

说明：本表一式二份，一份由税务机关留存，一份交纳税人。

14. 税务登记综合信息表

| 贴条形码处 | * 纳税人声明：
本表内容真实、可靠、完整。如有虚假，愿意承担相应法律责任。
（签章） |

税务登记综合信息表（适用单位纳税人）

填表日期 □□□□ 年 □□ 月 □□ 日

* 纳税人识别号：□□□□□□□□□□□□□□□□□□□□

* 纳税人名称：_____

* 注册地址		邮政编码		联系电话	
生产经营地址		邮政编码		联系电话	

* 是否在专业 市场内经营	□是　□否	专业市场 名称			
* 核算方式	□独立核算　□非独立核算		* 从业人数_____　　其中外籍人数_____		
* 单位性质	□企业 □事业单位 □社会团体 □民办非企业单位 □其他				
* 主要经营行 业（国标行业）	主行业 □□□□　　副行业1□□□□　　副行业2□□□□　　副行业3□□□□				
* 适用会计制度	□企业会计制度 □企业会计准则 □小企业会计准则 □金融企业会计制度 □行政事业单位会计制度				

项目 内容	姓　名	身份证件		移动电话	□ 开通接收税务短信通知服务（短信接收手机号码）： _____ □开通市民邮箱 □开通网上报税申报方式 □开通电话语音申报方式
		种类	证件号码		
* 法定代表人 （负责人）					
* 财务负责人					
* 办税人员					

税务代理人机构名称	纳税人识别号	移动电话

* 注册资本或投资总额	币种	金额	币种	金额	币种	金额

投资方名称	投资经济 性质	投资比例	证件种类	证件号码	国籍或地址

自然人投资比例		外资投资比例		国有投资比例	

（续上表）

总机构信息				
* 纳税人名称			纳税人识别号	
* 注册地址			邮政编码	
* 法定代表人姓名		联系电话	经营范围	
* 企业其他主营情况	是否为中央所属企业、在国家税务局交纳营业税的企业		□是	□否
	是否属于银行（信用社），保险公司		□是	□否
	是否属于外商投资企业，外国企业常驻代表机构，在中国境内设立机构、场所的其他非居民企业		□是	□否
	本单位主营业务（只能选一项，选择"其他"项的，需具体列明）		□批发、零售 □生产、制造 □加工 □修理修配 □软件产品研发、销售（维护）□计算机系统集成的销售、设计、安装工程 □设计 □服务 □其他（ ）	
	是否需在国家税务局领购发票		□是	□否
	是否需要申请认定增值税一般纳税人		□是	□否
	主营业务是否缴纳增值税		□是	□否
	是否需申请享受增值税优惠政策（含软件企业增值税"即征即退"优惠）		□是	□否
	企业总机构的所得税是否属国家税务局征管（分支机构纳税人填写）		□是	□否

附报资料：
□ 1.营业执照副本或其他核准执业证件原件及其复印件（复印件需同时加盖公章和"与原件相符"印章）。
□ 2.组织机构代码证书副本原件及其复印件。
□ 3.注册地址及生产、经营地址证明（产权证、租赁协议）原件及其复印件；或《临时经营场所使用证明》原件及其复印件；如为自有房产，提供产权证或买卖契约等合法的产权证明原件及其复印件；如为租赁的场所，提供租赁协议原件及其复印件；如为他人无偿提供使用的，提供相关的产权证明原件及其复印件或租赁协议原件及其复印件；如生产、经营地址与注册地址不一致的，分别提供相应证明。
□ 4.公司章程复印件（个人独资企业除外），分支机构提供总机构的公司章程的复印件。
□ 5.有权机关出具的验资报告或评估报告原件及其复印件（营业执照无注册资金的除外）。
□ 6.法定代表人（负责人）居民身份证或护照等身份证明资料原件及其复印件。
□ 7.法定代表人（负责人）是外国公民的（中国公民除外），要提交正面免冠相片1张〔张贴在法定代表人（负责人）居民身份证或护照等身份证明资料复印件的左上角〕。
□ 8.纳税人在跨区县（市）设立的分支机构办理税务登记时，还须提供总机构的国税税务登记证（副本）复印件及总机构出具的分支机构核算形式、缴税形式证明原件。
□ 9.改组改制企业还须提供有关改组改制的批文原件及其复印件。
□ 10.外商投资企业还需提供商务部门批复设立的证书原件和复印件。
□ 11.股东身份证复印件或公司投资方相关资料的复印件。
□ 12.《地税税务登记证件（副本）》复印件（已办地税开业税务登记的纳税人提供）。
□ 13.委托税务代理还须提供委托代理协议书复印件。

企业经办人签章 企业法定代表人（负责人）签章 年 月 日	税务机关办理情况： 税种：□增值税 □消费税 □企业所得税 税务机关经办人： 年 月 日

注：*为必填项目。

179

15. 纳税人领购发票票种核定申请表

<table>
<tr><td>贴条形码处</td><td>*纳税人声明：
本表内容真实、可靠、完整。
如有虚假，愿意承担相应法律
责任。
（签章）</td></tr>
</table>

纳税人领购发票票种核定申请表

填表日期 □□□□ 年 □□ 月 □□ 日

纳税人识别号：□□□□□□□□□□□□□□□□□□□□

纳税人名称：_____

法人代表			
购票员名称	证件类型	证件号码	
发票名称	月用票量	发票名称	月用票量
通用手工发票（佰元版）			
通用机打发票（限额佰元版）			
通用机打发票（限额仟元版）			
通用机打发票（限额万元版）			
发票名称	联次	位数	
增值税专用发票			
增值税普通发票			
申请理由： 经办人： 申请人： 　年　月　日	申请人发票 专用章印模		

注：1. 本表系纳税人初次购票前及因经营范围变化等，需增减发票种类数量时填写；
　　2. 经审批同意后，将有关发票内容打印在发票领购簿中；
　　3. 此表不作为日常领购发票的凭据；
　　4. 操作类型分为增加、修改、删除。

16. 丢失货物运输业增值税专用发票已报税证明单

表格编号
010035

> *纳税人声明:
> 本表内容真实、可靠、完整。如有
> 虚假,愿意承担相应法律责任。
> （签章）

丢失货物运输业增值税专用发票已报税证明单

填表日期 □□□□ 年 □□ 月 □□ 日

纳税人识别号: □□□□□□□□□□□□□□□□□□□

纳税人名称: _____

NO.

承运人	名称			实际受票方	名称		
	纳税人识别号				纳税人识别号		
丢失货物运输业增值税专用发票	发票代码	发票号码	费用项目	金额	税额	运输货物信息	
报税及纳税申报情况	报税时间: 纳税申报时间: 经办人: 　　负责人: 　　主管税务机关名称（印章）: 　　　　　　　　　　　　　　　　年　月　日						
备注							

注：本证明单一式三联：第一联由承运人主管税务机关留存；第二联由承运人留存；第三联由实际受票方主管税务机关留存。

181

17. 丢失增值税专用发票已报税证明表

表格编号
010008

100000506912

*纳税人声明：
本表内容真实、可靠、完整。如有虚假，愿意承担相应法律责任。
（签章）

丢失增值税专用发票已报税证明表

填表日期 □□□□ 年 □□ 月 □□ 日

纳税人识别号：□□□□□□□□□□□□□□□□□□□□

纳税人名称：＿＿＿＿＿＿＿＿＿＿＿＿＿＿＿＿＿＿＿＿＿＿＿＿

NO.

销售方	名称			购买方	名称			
	税务登记代码				税务登记代码			
丢失增值税专用发票	发票代码	发票号码	货物（劳务）名称	单价	数量	金额	税额	
	注：根据开票的票面内容进行填写							
备注								

注：本证明单一式三联：第一联，销售方主管税务机关留存；第二联，销售方留存；第三联，购买方主管税务机关留存。

18. 发票挂失/损毁报告表

发票挂失/损毁报告表

纳税人识别号：

纳税人名称：

挂失损毁发票	发票名称	发票代码	份数	发票号码		其中：空白发票		
				起始号码	终止号码	份数	起始号码	终止号码

挂失损毁发票	办税人员：　　　　　　　　法定代表人（负责人）：　　　　　　　（盖章） 　　年　月　日　　　　　　　　　　　年　月　日

纳税人提供资料	1.	2.
	3.	4.
	5.	6.
	7.	8.

主管税务机关税源管理环节意见：

经办人：　　　　　　　　负责人：　　　　　　　　（章）

　　年　月　日　　　　　　　年　月　日

上级税务机关发票管理环节意见：

经办人：　　　　　　负责人：　　　　　　　主管局长：　　　（章）

　　年　月　日　　　　　年　月　日　　　　　　年　月　日

19. 发票缴销登记表

| 贴条形码处 | 盖公章处 |

发票缴销登记表

填表日期 □□□□ 年 □□ 月 □□ 日

纳税人识别号：□□□□□□□□□□□□□□□□□□□□

纳税人名称：_____

发票名称	发票代码	缴销类别	本数	分数	起始号码	终止号码	备注

缴纳原因：

办税人员：　　　　　　　　法定代表人（负责人）：　　　　年　　　月　　　日

办税服务厅意见：

经办人：　　　　　　　　　　　　负责人：　　　　　　　　　（章）
　年　　　月　　　日　　　　　　　　　年　　　月　　　日

主管税务机关税源管理环节意见：

经办人：　　　　　　　　（章）
负责人：　　　　　　　年　　　月　　　日　　　　缴销人：　　　　经销人：

20. 增值税代扣、代缴税款报告表

增值税代扣、代缴税款报告表

填表日期：

扣缴义务人纳税人识别号：

扣缴义务人名称： 地　　址：

税款所属期： 联系电话：

被扣缴纳税人名称	被扣缴纳税人识别号	登记注册类型	征收项目	征收品目	品目名称	课税数量	计税金额或销售额	税率或单位税额	进项税额	扣缴税额	扣税凭证字号
合　计											

授权代理人	（如果你已委托代理申报人，请填写下列资料） 　　为代理一切税务事宜，现授权＿＿＿＿＿（地址）＿＿＿＿＿＿＿＿＿＿＿为本企业的代理申报人，任何与本申报表有关的来往文件都可寄与此人。 　　　　　　　　　　　　授权人签字：＿＿＿＿＿＿＿＿＿＿

会计主管人签字： 代理申报人签章： 扣缴义务人盖章：

以下由税务机关填写

	收到日期		接收人		主管税务机关盖章
审核记录			审核人员签字： 审核日期：		

21. 纳税人税收优惠申请表

表格编号
010023

100000925850

纳税人税收优惠申请表

填表日期 ☐☐☐☐ 年 ☐☐ 月 ☐☐ 日

纳税人识别号：☐☐☐☐☐☐☐☐☐☐☐☐☐☐☐☐☐☐

纳税人名称：＿＿＿＿＿＿＿＿＿＿＿＿

纳税人编码				
生产经营地址				
办税人员		联系电话		邮政编码
登记注册类型		开业时间		
行业类型		注册资本		
经营范围				
生产经营期限	至		第一次获利时间	

已享受税收优惠情况				
序号	税种	减免原因	所属时期起	所属时期止	税额（幅度）
1					
2					

税收优惠申请				
优惠类型	☐ 审批类　　　　　☐ 备案类			
税 种				
取得相关资格的名称、批文及文号				

序号	税收优惠具体项目	适用文件及文号	减免幅（额）度	所属时期起	所属时期止
1					
2					
3					
享受税收优惠理由	经办人：　　　　法定代表人：　　　　　　年　月　日				

填表说明：

1. 本表一式二份，适用于纳税人申请享受税收优惠政策，包括审批类和备案类税收优惠。

2. 纳税人申请不同税收优惠时，均须真实、准确、完整填列本表要求的有关项目。

22. 企业所得税减免优惠备案表

表格编号
010026

贴条形码处

* 纳税人声明：
本表内容真实、可靠、完整。
如有虚假，愿意承担相应法律
责任。
（签章）

企业所得税减免优惠备案表

填表日期 □□□□ 年 □□ 月 □□ 日

纳税人识别号：□□□□□□□□□□□□□□□□□□

纳税人名称：_____

注册类型		行业类型	
工商登记日期	年 月 日	注册资本	
适用减免税 文件及文号		减免优惠 年限	
申请减免优惠 具体项目		取得相关资格的 批文及文号	
备案前一年经营情况（金额单位：元）			
销售（营业）收入		销售成本 及费用	
销售税金及附加		利润总额	
应纳税所得额		应缴 所得税	
税务机关备案意见			

说明：

1. 本表一式两份，纳税人、税务机关各存一份。
2. 税务机关不予备案的，纳税人可按规定申请行政复议或者提起行政诉讼。

23. 税务行政许可申请表

表格编号
010034

贴条形码处

*纳税人声明:
本表内容真实、可靠、完整。如有虚假，愿意承担相应法律责任。
（签章）

税务行政许可申请表

填表日期 □□□□ 年 □□ 月 □□ 日

* 纳税人识别号：□□□□□□□□□□□□□□□□□□□□

* 纳税人名称：_____

申请日期：　　　　　　　　　　编号：

申请人	姓名		身份证件	
	电话		邮政编码	
	住址			
	单位		法定代表人	
	邮政编码		电话	
	地址			
	委托代理人		身份证件	
	住址		电话	
申请事项	（在申请事项前划"√"） 1. 指定企业印制发票。（　　） 2. 对发票使用和管理的审批： （1）申请使用经营地发票；（　　） （2）印制有本单位名称的发票。（　　） 3. 对增值税防伪税控系统最高开票限额的审批。（　　） 4. 对货物运输业增值税专用发票税控系统最高开票限额的审批。（　　）			

受理人（审核人）：　　收到日期：　　年　月　日

说明：如属代理人办理受托事项时，应当出具有效身份证件和委托证明。

24. 税收优惠明细表

税收优惠明细表

填报时间：　　年　　月　　日　　　　　金额单位：　　元（列至角分）

行次	项　目	金　额
1	一、免税收入（2＋3＋4＋5）	
2	1．国债利息收入	
3	2．符合条件的居民企业之间的股息、红利等权益性投资收益	
4	3．符合条件的非营利组织的收入	
5	4．其他	
6	二、减计收入（7＋8）	
7	1．企业综合利用资源，生产符合国家产业政策规定的产品所取得的收入	
8	2．其他	
9	三、加计扣除额合计（10＋11＋12＋13）	
10	1．开发新技术、新产品、新工艺发生的研究开发费用	
11	2．安置残疾人员所支付的工资	
12	3．国家鼓励安置的其他就业人员支付的工资	
13	4．其他	
14	四、减免所得额合计（15＋25＋29＋30＋31＋32）	
15	（一）免税所得（16＋17＋…＋24）	
16	1．蔬菜、谷物、薯类、油料、豆类、棉花、麻类、糖料、水果、坚果的种植	
17	2．农作物新品种的选育	
18	3．中药材的种植	
19	4．林木的培育和种植	
20	5．牲畜、家禽的饲养	
21	6．林产品的采集	
22	7．灌溉、农产品初加工、兽医、农技推广、农机作业和维修等农、林、牧、渔服务业项目	
23	8．远洋捕捞	
24	9．其他	
25	（二）减税所得（26＋27＋28）	
26	1．花卉、茶以及其他饮料作物和香料作物的种植	
27	2．海水养殖、内陆养殖	
28	3．其他	
29	（三）从事国家重点扶持的公共基础设施项目投资经营的所得	
30	（四）从事符合条件的环境保护、节能节水项目的所得	
31	（五）符合条件的技术转让所得	
32	（六）其他	
33	五、减免税合计（34＋35＋36＋37＋38）	
34	（一）符合条件的小型微利企业	
35	（二）国家需要重点扶持的高新技术企业	
36	（三）民族自治地方的企业应缴纳的企业所得税中属于地方分享的部分	
37	（四）过渡期税收优惠	
38	（五）其他	
39	六、创业投资企业抵扣的应纳税所得额	
40	七、抵免所得税额合计（41＋42＋43＋44）	
41	（一）企业购置用于环境保护专用设备的投资额抵免的税额	
42	（二）企业购置用于节能节水专用设备的投资额抵免的税额	
43	（三）企业购置用于安全生产专用设备的投资额抵免的税额	
44	（四）其他	
45	企业从业人数（全年平均人数）	
46	资产总额（全年平均数）	
47	所属行业（工业企业　　其他企业　　　）	

经办人（签章）：　　　　　　　　　　　　　法定代表人（签章）：

25. 小型微利企业情况表

小型微利企业情况表

纳税人识别号：☐☐☐☐☐☐☐☐☐☐☐☐☐☐☐☐☐☐☐☐

纳税人名称：　　　　　　　　　　　　　备案所属期：　　　年度

开业日期		企业所得税征收方式		
财务负责人		联系电话		
是否从事国家限制和禁止行业	☐是 ☐否	企业类别		☐工业企业 ☐其他企业
年度应纳税所得额（标准值≤30万元）			元	

月份	资产总额 （工业企业标准值≤3000万元； 其他企业标准值≤1000万元）			从业人数 （工业企业标准值≤100人； 其他企业标准值≤80人）		
	月初值	月末值	月平均值	月初值	月末值	月平均值
1月						
2月						
3月						
4月						
5月						
6月						
7月						
8月						
9月						
10月						
11月						
12月						
全年月平均值						

　　声明：此申请表是根据国家现行税收法律、行政法规和有关税收规定填报的，是真实的、可靠的、完整的。

经办人（或代理人）：　　　　法定代表人：　　　　（公章）
　　　　　　　　　　　　　　　　　　　　　　　年　月　日

26. 中华人民共和国企业清算所得税申报表

中华人民共和国企业清算所得税申报表

清算期间：　　年 月 日至　　年 月 日

纳税人名称：

纳税人识别号：□□□□□□□□□□□□□□□□□□

金额单位：　元（列至角分）

类别	行次	项目	金额
应纳税所得额计算	1	资产处置损益（填附表一）	
	2	负债清偿损益（填附表二）	
	3	清算费用	
	4	清算税金及附加	
	5	其他所得或支出	
	6	清算所得（1＋2－3－4＋5）	
	7	免税收入	
	8	不征税收入	
	9	其他免税所得	
	10	弥补以前年度亏损	
	11	应纳税所得额（6－7－8－9－10）	
应纳所得税额计算	12	税率（25%）	
	13	应纳所得税额（11×12）	
应补（退）所得税额计算	14	减（免）企业所得税额	
	15	境外应补所得税额	
	16	境内外实际应纳所得税额（13－14＋15）	
	17	以前纳税年度应补（退）所得税额	
	18	实际应补（退）所得税额（16＋17）	

纳税人盖章： 清算组盖章： 经办人签字： 申报日期：　　年 月 日	代理申报中介机构盖章： 经办人签字及执业证件号码： 代理申报日期：　　年 月 日	主管税务机关受理专用章： 受理人签字： 受理日期：　年 月 日

191

27. 文化事业建设费登记表

文化事业建设费登记表

填表日期： 年 月 日

缴纳（扣缴）义务人名称		缴纳（扣缴）义务人识别号			
法定代表人（负责人）		身份证件名称		证件号码	
财务负责人		固定电话		移动电话	
经办人		固定电话		移动电话	
隶属关系		登记注册类型		注册地址	
中央投资比例		%			
地方投资比例		%			
无隶属关系投资比例		%			

文化事业建设费缴纳（扣缴）义务人：
经办人：　　　　　　　法定代表人（负责人）：　　　　　　单位（签章）
　　　　　　　　　　　　　　　　　　　　　　　　　　　　年 月 日

以下由税务机关填写

缴纳义务人　□是　□否	扣缴义务人　□是　□否

对应税目：□广告业　是否允许差额扣除　□是　□否
　　　　　□娱乐业　是否允许差额扣除　□是　□否

缴纳期限：	申报期限：	征收率：

经办人：　　　　　　　负责人：　　　　　　　　　税务机关（签章）
　　　　　　　　　　　　　　　　　　　　　　　　　　年 月 日

28. 文化事业建设费申报表

文化事业建设费申报表

缴纳义务人识别号：□□□□□□□□□□□□□□□□□□□□

缴纳义务人名称（公章）：　　　　　　　　　　金额单位：元（列至角分）

费款所属期：　年　月　日至　年　月　日　　　　填表日期：　年　月　日

项　目		栏　次	本月（期）数	本年累计
按适用费率征收的计费收入		1		
费额计算	扣除项目期初金额	2		—
	扣除项目本期发生额	3		
	本期扣除额	4		
	扣除项目期末余额	5 = 2 + 3 − 4		
	计费销售额	6 = 1 − 4		
	费率	7		—
	应缴费额	8 = 6 × 7		
费额缴纳	期初未缴费额（多缴为负）	9		
	本期已缴费额	10 = 11 + 12 + 13		
	其中：本期预缴费额	11		
	本期缴纳上期费额	12		
	本期缴纳欠费额	13		
	期末未缴费额（多缴为负）	14 = 8 + 9 − 10		
	其中：欠缴费额（≥0）	15 = 9 − 12 − 13		—
	本期应补（退）费额	16 = 8 − 11		—
	本期检查已补缴费额	17		

缴纳义务人或代理人声明： 此申报表是根据国家相关税费规定填报的，我确定它是真实的、可靠的、完整的。	如缴纳义务人填报，由缴纳义务人填写以下各栏：	
	办税人员（签章）： 法定代表人（签章）：	财务负责人（签章）： 联系电话：
	如委托代理人填报，由代理人填写以下各栏：	
	代理人名称： 代理人（公章）：	经办人（签章）： 联系电话：

以下由税务机关填写：

收到日期：　　　　接收人：　　　　　　主管税务机关盖章：

29．小型微利企业备案表

小型微利企业备案表

纳税人名称（章）：

纳税人识别号：□□□□□□□□□□□□□□□□□□□

备案所属年度：　　　　年度　　　　　　　　　　　金额单位：　　元（列至角分）

开业日期		企业所得税征收方式	
财务负责人		联系电话	
是否从事国家限制 和禁止行业	□是 □否	企业类别	□工业企业 □其他企业
年度应纳税所得额（标准值≤30万元）			
资产总额 （工业企业标准值≤ 3000万元； 其他企业标准值≤ 1000万元）	期初资产总额		
	期末资产总额		
	年度平均资产总额		
从业人数 （工业企业标准值≤ 100人； 其他企业标准值≤ 80人）	年初从业人员		
	年末从业人员		
	全年平均从业人员		

30. 丢失货物运输业增值税专用发票已报税证明单

丢失货物运输业增值税专用发票已报税证明单

No.

承运人	名称			实际受票方	名称	
	纳税人识别号				纳税人识别号	

丢失货物运输业增值税专用发票	发票代码	发票号码	费用项目	金额	税额	运输货物信息

报税及纳税申报情况	报税时间： 纳税申报时间： 经办人：　　　　　负责人：　　　　　主管税务机关名称（印章）： 　　　　　　　　　　　　　　　　　　　　年　月　日
备注	

注：本证明单一式三联：第一联由承运人主管税务机关留存；第二联由承运人留存；第三联由实际受票方主管税务机关留存。

31. 代开货物运输业增值税专用发票缴纳税款申报单

代开货物运输业增值税专用发票缴纳税款申报单

纳税人识别号：☐☐☐☐☐☐☐☐☐☐☐☐☐☐☐☐☐☐☐☐

代开税务机关名称：　　　　　　　　　　　　　　编号：

我单位提供的开票资料真实、完整、准确，符合有关法律、法规，否则我单位将承担一切法律后果。现申请代开货物运输业增值税专用发票。

单位：　元（列至角分）　　　　　　　　　　　　　　填开日期：　年　月　日

承运人	名称	
	纳税人识别号	
实际受票方	名称	
	纳税人识别号	
收货人	名称	
	纳税人识别号	
发货人	名称	
	纳税人识别号	
费用项目名称	费用项目金额（不含税）	征收率	税额
合计金额（不含税）		合计税额	
价税合计			
运输货物信息			
车种车号		车船吨位	
起运地、经由、到达地		备注	
主管税务机关及代码：	税款征收岗签章： 代开发票管理岗签章： 发票代码：	税收完税凭证号： 发票号码：	
经核对，所开发票与申报内容一致。 申请人（单位）经办人签章：　　　　　　　　　　　　　单位法人代表签章： 　　　　　　　　　　　　　　　　　　　　　　　　　　　　　年　月　日			

注：本表一式三份，由申请代开货物运输业增值税专用发票的小规模纳税人填写，一份由税款征收岗留存，一份由代开发票管理岗留存，一份交纳税人留存。

32. 个体工商户定额核定（调整）申请表

表格编号
250141

100000211564

个体工商户定额核定（调整）申请表

填表日期 □□□□ 年 □□ 月 □□ 日

纳税人识别号：□□□□□□□□□□□□□□□□

纳税人名称：_____

负责人姓名		所属行业		从业人数	
经营地址		电话		开业时间	
经营方式	□批发　□零售　□兼营（营业税、增值税销售）　　□生产　□加工　□修理修配				
所属行政街道（镇）			所属市场		
"定期定额"核定所属时期			上一执行期核定定额		

	项　目		自报数	税务机关调查复核数	调查人员签名		项　目		自报数	税务机关调查复核数	调查人员签名
经营费用情况	资产投资总额（元）	1				费用情况	工人人数（人）	11			
	经营场地面积（平方米）	2					费用总额（元/月）	12			
	租金（元/月）	3					月工资总额	13			
	仓储面积（平方米）	4					电费	14			
	自有场地原值（元）	5					水费	15			
	实际营业额（元/年）	6					管理费	16			
上年度经营情况	其中	开具普通发票金额（元/年）	7				其中	社保费	17		
		开具专用发票金额（元/年）	8					治安费	18		
	实际经营成本（元/年）	9					市场费	19		
	毛利率＝（实际营业额－实际经营成本）/实际营业额	10					其他费用（垃圾费等）	20		

	序号	征收项目	月销售额或数量（预计）	税率	税额
自报业主	1	增值税			
	2	消费税			

（以上内容除"调查复核数"外均由纳税人填写，本表项目须如实填列，不得为空值，如确实没发生，请填上"无"或"0"）

33. 广州市非营利组织_____年度免税资格申请表

广州市非营利组织_____年度免税资格申请表

非营利组织名称			设立登记时间	
业务主管单位				
经 营 范 围				
宗旨				
登记管理机关				
登记管理机关的行政级别		□市级　□区（县级市）级		
法定代表人			负责人	
联系人			联系人职务	
负责人联系方式			联系人联系方式	

是否符合条件	依法设立或登记的非营利组织	□是 □否
	从事公益性或非营利性活动，且活动范围主要在中国境内	□是 □否
	取得的收入除用于与本组织有关的、合理的支出外，其他全部用于登记核定或章程规定的公益性或非营利性事业	□是 □否
	财产及其孳息不用于分配，但不包括合理的工资薪金支出	□是 □否
	按照登记核定或章程规定，本组织注销后的剩余财产用于公益性或非营利性目的，或者由登记管理机关转赠给与本组织性质、宗旨相同的组织，并向社会公告	□是 □否
	投入人对投入本组织的财产不保留或者享有任何财产权利，本款所称投入人是指各级人民政府及其部门外的法人、自然人和其他组织	□是 □否
	工作人员工资福利开支控制在规定的比例内，不变相分配本组织的财产，其中，工作人员平均工资薪金水平不超过上年度税务登记所在地人均工资水平的两倍，工作人员福利按照国家有关规定执行	□是 □否
	申请前年度的检查结论为"合格"	□是 □否
	对取得的应纳税收入及其有关的成本、费用、损失与免税收入及其有关的成本、费用、损失分别核算	□是 □否

本非营利组织承诺：以上所填信息及所申报的免税资格资料真实、准确。

法定代表人：

（非营利组织盖章）

年　　月　　日

（续上表）

认定机构认定意见		财政部门 （单位公章） 年　　月　　日
		国税部门 （单位公章） 年　　月　　日
		地税部门 （单位公章） 年　　月　　日

注：本免税资格申请表一式四份，一份由初审单位留存，其他三份分别由市财政局、市国税局、市地税局留存。

34. 企业所得税核定征收鉴定表

企业所得税核定征收鉴定表

纳税人识别号：　　　　　鉴定期：　　年度　　　　　　　　金额单位：元

申报单位			
地址			
经济性质		行业类别（以主营项目确认）	
开户银行		账号	
邮政编码		联系电话	
上年收入总额		上年成本费用额	
上年注册资本		上年原材料耗费量（额）	
上年职工人数		上年燃料、动力耗费量（额）	
上年固定资产原值		上年商品销售量（额）	
上年所得税额		上年征收方式	

行次	项目	纳税人自报情况	主管税务机关审核意见
1	账簿设置情况		
2	收入核算情况		
3	成本费用核算情况		
4	纳税申报情况		
5	履行纳税义务情况		
6	其他情况		

纳税人对征收方式的意见： 负责人签章： （公章） 经办人签章：　　　年　月　日	主管税务机关意见： 负责人签章： （公章） 经办人签章：　　　年　月　日

区、县级市税务机关审核意见：

负责人签章：（公章）

经办人签章：　　　　　　　　　　　年　月　日

注：告知事项见下一页。

告 知 事 项

你单位应在 　　　　年　　月　　日前，填列《企业所得税核定征收鉴定表》，并随同有关资料报送主管税务机关。

纳税人收到《企业所得税核定征收鉴定表》后，未在规定期限内填列、报送的，税务机关视同纳税人已经报送，按规定程序进行复核认定。

纳税人应对填报内容的真实性、准确性负法律责任，未按规定填报造成主管税务机关鉴定偏离企业实际的，主管税务机关有权重新鉴定。纳税人应按新的鉴定结果计缴企业所得税。由此造成的少缴税款的，主管税务机关将根据《中华人民共和国税收征收管理法》的有关规定，对企业的行为作出处理。

纳税人识别号：

纳税人名称（公章）：

主管税务分局：

管理员：

回 执

文书名称	《企业所得税核定征收鉴定表》
签收人	
签收时间	

已通知企业在 　　　　年　　月　　日前，填列《企业所得税核定征收鉴定表》，并随同有关资料报送主管税务机关。

35. 增值税进项留抵税额抵减增值税欠税申请表

增值税进项留抵税额抵减增值税欠税申请表

纳税人申请事项	国家税务局： 　　我单位　　　　　　　　（纳税人编码：　　　　　），至　　年　月　日，欠缴增值税税额　　元，留抵增值税进项税额　　元。现根据《国家税务总局关于增值税一般纳税人用进项留抵税额抵减增值税欠税问题的通知》（国税发〔2004〕112 号）规定，申请用增值税进项留抵税额抵减增值税欠税　　　元。 　　特此申请 　　　　　　　　　　　　　　　　　　　纳税人名称：（公章） 　　　　　　　　　　　　　　　　　　　　　年　　月　　日
主管税务机关意见：（在对应的□内打"√"）	□ 1. 经查，征管软件反映的欠缴增值税、增值税进项留抵税额与纳税人申请相符，同意抵减欠税　　　元。 □ 2. 经查，征管软件反映的欠缴增值税、增值税进项留抵税额与纳税人申请不符，不同意抵减。 经办人：　　　　　　　　　　　主管税务机关：（税收业务专用章） 　　　　　　　　　　　　　　　　　　　年　　月　　日

说明：本表一式两份，纳税人、主管税务机关各执一份。

36. 增值税专用发票最高开票限额申请单

表格编号
010011

100117096382

增值税专用发票最高开票限额申请单

填表日期 ☐☐☐☐ 年 ☐☐ 月 ☐☐ 日

纳税人识别号：☐☐☐☐☐☐☐☐☐☐☐☐☐☐☐☐☐☐☐☐

纳税人名称：＿＿＿＿＿＿＿＿

申请事项（由纳税人填写）	地　　址		联系电话	
	购票人信息			
	申请增值税专用发票（增值税税控系统）最高开票限额	☐初次　　☐变更（请选择一个项目并在☐内打"√"） ☐一亿元　　☐一千万元　　☐一百万元 ☐十万元　　☐一万元　　☐一千元 （请选择一个项目并在☐内打"√"）		
	申请货物运输业增值税专用发票（增值税税控系统）最高开票限额	☐初次　　☐变更　（请选择一个项目并在☐内打"√"） ☐一亿元　　☐一千万元　　☐一百万元 ☐十万元　　☐一万元　　☐一千元 （请选择一个项目并在☐内打"√"）		
	申请理由： 经办人（签字）：　　　　　　　　　　　　纳税人（印章）： 　　　年　月　日　　　　　　　　　　　　　　年　月　日			

注：本申请单一式两联：第一联由申请企业留存；第二联由区县级税务机关留存。

37. 外国公司船舶运输收入免征企业所得税证明表

中华人民共和国国家税务总局
State Administration of Taxation of
the People's Republic of China

外国公司船舶运输收入免征企业所得税证明表
Certification of Income Tax Exemption on Shipping
Income by Foreign Enterprises

一、申请人事项 Details of claimant：

外国公司名称 Name of enterprise：	
总机构所在地 Place of head office：	
实际管理机构所在地 Place of effective management：	
注册所在地 Place of registration：	
请在适当方格内打√号√the appropriate box（es） 在中国运输经营方式： 　　　　□1. 班轮运输 Liner service Categories of shipping service 　　□2. 不定期船舶运输 Tramping service	
请在适当方格内打√号√the appropriate box（es） 船舶来源： 　□1. 自有船舶 Self – owned 　　□3. 程租 Voyage charter Categories of vessels 　□2. 期租 Time charter 　　　□4. 其他 Other cases（需说明具体 　　　　　　　　　　　　　　　　　　　　　　情况 If yes，please state）	

二、申请人声明 Declaration of claimants：

　　我仅在此声明以上呈报事项准确无误。

　　I hereby declare that above statement is correct and complete to the best of my knowledge and belief.

　　　　申请人签名或盖章 Claimant（Signature or Seal）：＿＿＿＿＿＿＿＿

三、申请人居民身份证明（由申请人为其居民的缔约国主管税务机关填写）；或另附对方主管税务机关或航运主管部门出具的专用证明。

　　Certificate of resident status of the claimant（For the use of the tax authority of the Contracting State in which the claimant is a resident）or attach the special certificate of resident issued by the tax or shipping authorities of the Contracting State in which the claimant is a resident.

Certification 　　We certify that ＿＿＿＿（claimant's name）is a resident of ＿＿＿＿ according to the provisions of paragraph ＿＿＿＿ of Article ＿＿＿＿ in the Double Taxation Agreement between ＿＿＿＿ and the People's Republic of China. Claimant'serial number： 　　　　　　　Date： Signature or stamp of tax office

四、申请免税的依据（请在适当方格内打√号）Applicable treaties（√the appropriate box（es））

根据中华人民共和国政府和＿＿＿＿国政府签订的：

　　In accordance with the provisions in Article（Articles）＿＿＿＿ of the following treaty（treaties）between the Government of the People's Republic of China and the Government of ＿＿＿＿

　　□1. 避免双重征税协定 　　　　　　□2. 海运协定
　　Double Taxation Agreement 　　　　Maritime Agreement
　　□3. 互免海运企业运输收入税收协定

Agreement for reciprocal exemption of tax on shipping income

□4. 互免海运企业运输收入税收换文

Exchange Note for reciprocal exemption of tax on shipping income

□5. 其他有关协议 Other applicable treaty （需填写协议名称 If yes, please state）

第____条的规定，本公司以船舶从中国港口运载旅客、货物或者邮件出境所取得的运输收入，可在中国免征企业所得税。

Shipping income derived by the claimant from carrying passengers, cargo and mail on their vessels outbound from China shall be exempted from the Enterprise Income Tax in China.

以下由主管税务机关填写（For the use of the Chinese tax authorities only）

编号（No.　　　）：第　　　　号

收到申请日期 Date of receipt of application		审核日期 Date of examination	
审核意见 Examination report			
协定免税依据 Applicable treaty or treaties			
本证明表自　　　年　　月 This certification is valid from　（Month）	日至　　　年　　月 （day）　（Year）to　（Month）	日有效 （Day）　（Year）	
主办人（签字） Officer in charge（signature）		负责人（签字） Chief officer（signature）	

中华人民共和国国家税务总局　　　　　　　　　　　主管税务机关盖章

State Administration of Taxation of　　　　　　　Stamp of tax office

The People's Republic of China

填表说明

一、本表适用于按照《国家税务总局、国家外汇管理局关于加强外国公司船舶运输收入税收管理及国际海运业对外支付管理的通知》的规定，外国公司以船舶经营国际运输从中国取得所得申请享受协定免征所得税待遇时填报。

二、本表由申请免税待遇的外国公司自行或委托其扣缴义务人填写，一式三份，一份由申请人保存；一份作为对外支付运费的免税凭证，交主管外汇管理部门；一份交由主管税务机关备查。

三、公司名称填写公司的全称；总机构、实际管理机构所在地或注册所在地，填写申请人在税收上为其居民国家的总机构所在地、实际管理机构所在地或注册所在地的地址及邮政编码。

四、本表末项所列主管税务机关盖章是指负责该项审批业务的县（市）级税务机关并加盖本级公章。

五、本表用中文，也可用中、外两种文字填写。

38. 定期定额户申请变更纳税定额表

<table>
<tr><td>贴条形码处</td><td>盖公章处</td></tr>
</table>

定期定额户申请变更纳税定额表

纳税人识别号：□□□□□□□□□□□□□□□□□□□□

纳税人编码：□□□□□□□□□□□

纳税人名称：   金额单位：元（列至角分）

所属行业						
申请理由：						
原 核 定 信 息						
征收项目	征收品目	销售收入	税率	核定税额	有效期起	有效期止
合计	—		—		—	—
申请调整的新定额						
税种	税目	销售额	税率	税额		
合计			—			
以下由税务机关填写						
初审意见：						
负责人： 经办人： 年 月 日						
税务机关核定调整的新定额						
税种	税目	销售额	税率	税额		
合计		—				
核定期限		至				
复审意见：						
经办人： 年 月 日						
审批意见：						
(章) 负责人： 年 月 日						

注：本表一式一份，连同附表《纳税人应纳税营业额申报表》（定额信息采集表）同时填表。

39. 纳税人存款账户账号报告表

纳税人存款账户账号报告表

纳税人名称			纳税人识别号			
经营地址						
银行开户登记证号			发证日期	年 月 日		
账户性质	开户银行	账号	开户时间	变更时间	注销时间	备注

报告单位: 经办人: 法定代表人（负责人）: 报告单位（签章） 　年　月　日	受理税务机关: 经办人: 负责人: 税务机关（签章） 　年　月　日

注：账户性质按照基本账户、一般账户、专用账户、临时账户如实填写；

　　本表一式三份，分别报送国税、地税主管机关各一份，纳税人留存一份。

40. 纳税情况证明申请表

贴条形码处		盖公章处

纳税情况证明申请表

纳税人识别号：□□□□□□□□□□□□□□□□□□□

编号：

纳税人名称			
联系人和联系电话		身份证号码	
接受纳税证明单位			
申请原因（√）	1. 出国：□旅游　□留学　□移民　□探亲； 2. □　参加采购招标活动； 3. □　参加有关部门 ＿＿＿＿＿＿＿ 评比； 4. □　总公司需要上市发行股票； 5. □　其他详细内容。		
备注			
		（个体工商户需业主签名或签章）	
经办人签名		填表日期	年　月　日
以下内容由税务机关填写			
税务机关 经办人：　　　　　　日期：		审批意见 审批人：　　　　　　日期：	
纳税情况证明书编号			

注：本表一式一份。

41. 停业复业（提前复业）报告书

停业复业（提前复业）报告书

填表日期：　　年　　月　　日

纳税人基本情况	纳税人名称	纳税人识别号	经营地点			
停业期限			复业时间			
缴回发票情况	种类	号码	本数	领回发票情况	种类	号码	本数

缴回发票情况	种类	号码	本数	领回发票情况	种类	号码	本数
缴存税务资料情况	发票领购簿	税务登记证	其他资料	领用税务资料情况	发票领购簿	税务登记证	其他资料
	是（否）	是（否）	是（否）		是（否）	是（否）	是（否）
结清税款情况	应纳税款	滞纳金	罚款	停业期是（否）纳税	已缴应纳税款	已缴滞纳金	已缴罚款
	是（否）	是（否）	是（否）		是（否）	是（否）	是（否）

纳税人（签章）：

　　　　年　　月　　日

税务机关复核	经办人：　　年　　月　　日	负责人：　　年　　月　　日	税务机关（签章）　　年　　月　　日

注：1. 申请提前复业的纳税人在表头"提前复业"字样上划钩。
　　2. 已缴还或领用税务资料的纳税人，在"是"字上划钩，未缴还或未领用税务资料的纳税人，在"否"字上划钩。
　　3. 纳税人在停业期间有义务缴纳税款的，在"停业期是（否）纳税"项目的"是"字上划钩，然后填写后面内容；没有纳税义务的，在"停业期是（否）纳税"项目的"否"字上划钩，后面内容不用填写。

42. 数据电文申报方式申请审批表

| 贴条形码处 | | 盖公章处 |

数据电文申报方式申请审批表

纳税人识别号：□□□□□□□□□□□□□□□□□□□

纳税人编码：_____

申请日期：　　　年　　月　　日

纳税人名称			
经营地址		联系电话	
使用日期		缴税方式	税库联网 ETS
申请类型	新办（　）　　变更（　）　　取消（　）		
申报方式	电话申报（　）储税扣缴（　）网上报税（　）简并征期申报（　）		
征收方式	定期定额征收（　）定率征收（　）查账征收（　）		
税　　　种	增值税（　）　　所得税（　）		
申请理由	 办税员（经办人）：　　　　　　　负责人： 　　　　　　　　　　　　　　　　日　　期：		
税务机关意见： 　　　　　　　　　　　　　　　　　（盖章） 签名：　　　　　　　日期：			

填表说明：

1. 本表一式一份，由税务机关存档；
2. 变更申报方式的，应在"申请理由"栏注明原为何种申报方式，现申请变更为何种申报方式。

43. 办理税务事项授权委托书

授权委托书

委托人：＿＿＿＿＿＿＿＿＿＿   代理人：＿＿＿＿＿＿＿＿＿＿
纳税人识别号（15位）：＿＿＿＿＿＿＿＿   身份证名称：＿＿＿＿＿＿＿＿
电脑编码（12位）：＿＿＿＿＿＿＿＿＿   住址：＿＿＿＿＿＿＿＿＿＿
经营地址：＿＿＿＿＿＿＿＿＿＿   联系电话：＿＿＿＿＿＿＿＿
法人代表：＿＿＿＿＿＿＿＿＿＿
身份证号码：＿＿＿＿＿＿＿＿＿＿

委托人现委托代理人到广州市越秀区国家税务局办理＿＿＿＿＿＿＿＿＿＿税务事项。

委托人与代理人保证严格遵守有关税收法律法规的规定，如有违反的，愿意接受处理。

本委托书双方自签订并送交广州市越秀区国家税务局备案之日起生效。委托人撤销委托的须由委托人以书面形式作出，并在送交广州市越秀区国家税务局备案三个工作日后生效。

对本委托的撤销生效前，代理人从事前述委托税务事项所产生的一切法律后果由委托人承担。

本委托书一式一份。

委托人：（公章）   代理人签名：
法定代表人或授权人签名：   年 月 日
　　　年 月 日
广州市越秀区国家税务局备案记录：
　　　年 月 日

44. 复业单证领取表

复业单证领取表

纳税人识别号：

纳税人名称：＿＿＿＿＿＿＿＿＿＿＿＿＿＿＿＿＿＿＿＿

领取单证名称	税务登记证（正本)	税务登记证（副本)	发票领购簿	其他有关证件
封存发票名称				
数量				

主管税务机关（公章）

经办人：　　　　　　　　　　　　　　　　　　　　　年　月　日

纳税人（公章）

办税人员：　　　　　　　　　　　　　　　　　　　年　月　日

注：1. 本表为纳税人停业时填写，一式一份；
　　2. 纳税人复业时，按表领回封存的各类单证和发票；
　　3. 复业时，纳税人签章后，交税务机关留存。

45. 纳税人跨区迁移申请审批表

纳税人跨区迁移申请审批表

纳税人识别号				
纳税人名称				
变更后地址				
迁入税务机关				
是否已办理出口退（免）税认定	是（　）	否（　）	海关代码	

迁移原因：

经办人：　　　　　　　　法定代表人：　　　　　　　　　　年　　月　　日

以下由税务机关填写	
出口退（免）税清算环节	经办人：　　　　　　　　　　　　年　月　日
	负责人：　　　　　　　　　　　　年　月　日
税务登记变更受理环节	经办人：　　　　　　　　　　　　年　月　日
审核意见	（公章） 负责人（签章）：　　　　　　年　月　日

填表说明：

1. 已办理出口退（免）税认定的企业必须完成出口退（免）税清算后才能审批税务登记变更事项；
2. 本表一式一份，完成审批后退纳税人留存。

46. 税务证件挂失报告表

表格编号
010022

100000083505

*纳税人声明：
本表内容真实、可靠、完整。
如有虚假，愿意承担相应法律
责任。

（签章）

税务证件挂失报告表

填表日期　　　　年　　月　　日

纳税人识别号：

纳税人名称：

	证件名称	证件号码
遗失被盗税务证件		
遗失被盗情况说明		
遗失声明		
纳税人提供的资料	1.	6.
	2.	7.
	3.	8.
	4.	9.
	5.	10.

参考文献

1. 宋海燕：《会计记账技能实训》，北京：机械工业出版社，2010 年。
2. 樊珂：《基础会计模拟实训》，郑州：大象出版社，2012 年。
3. 于坤、董志刚：《财务会计模拟实训》，郑州：大象出版社，2012 年。
4. 李静：《会计岗位实训教程》，北京：机械工业出版社，2012 年。
5. 吕福智：《会计岗位模拟实训》，上海：华东师范大学出版社，2012 年。